虚拟现实交互设计
Unity 产品原型设计与策划

北邮－润尼尔虚拟现实创新技术与应用联合实验室　主编

姬艳丽　赵锟　编著

人民邮电出版社

北　京

图书在版编目（CIP）数据

虚拟现实交互设计：Unity产品原型设计与策划 /
北邮-润尼尔虚拟现实创新技术与应用联合实验室主编；
姬艳丽，赵锟编著. -- 北京：人民邮电出版社，
2025.10
ISBN 978-7-115-62988-3

Ⅰ. ①虚… Ⅱ. ①北… ②姬… ③赵… Ⅲ. ①虚拟现
实—程序设计 Ⅳ. ①TP391.98

中国国家版本馆CIP数据核字(2023)第207535号

内 容 提 要

随着"元宇宙"时代的到来，虚拟现实技术作为连接虚拟世界和现实世界的通道，其重要性不言而喻。虚拟现实技术应用到不同的领域会产生不同的产品形式，虚拟现实与娱乐相结合产生了数字游戏，虚拟现实与生产相结合产生了虚拟仿真，虚拟现实与影视相结合则产生了虚拟现实电影……但无论是何种形式，虚拟现实产品的设计方法和理论都是相通的。本书全面、系统地讲解虚拟现实产品的设计方法和理论，并结合案例进行实例化分析。全书分为3篇，包括虚拟现实产品概述、虚拟现实产品的设计方法、虚拟现实产品设计案例，力图从理论到实践，全方位地讲解虚拟现实产品的设计方法和技巧。

本书不仅可以作为普通高等院校与职业院校数字媒体、游戏动漫、计算机等专业的教材，也可以作为相关行业工作人员及爱好者的参考书。

◆ 主　　编　北邮-润尼尔虚拟现实创新技术与应用联合实验室
　　编　著　姬艳丽　赵　锟
　　责任编辑　王　铁
　　责任印制　周昇亮

◆ 人民邮电出版社出版发行　　北京市丰台区成寿寺路 11 号
　　邮编　100164　　电子邮件　315@ptpress.com.cn
　　网址　https://www.ptpress.com.cn
　　北京九天鸿程印刷有限责任公司印刷

◆ 开本：700×1000　1/16
　　印张：11　　　　　　　　　　2025 年 10 月第 1 版
　　字数：248 千字　　　　　　　2025 年 10 月北京第 1 次印刷

定价：88.00 元

读者服务热线：**(010)81055296**　印装质量热线：**(010)81055316**
反盗版热线：**(010)81055315**

序 言

虚拟现实（Virtual Reality, VR）——一项革命性的技术，其发展经历了多个阶段，从初期的简陋设备和粗糙图形，逐渐发展到今天的高清晰度视觉和逼真的交互体验。虚拟现实技术的发展不仅受益于硬件性能的提升，还得益于计算机图形学、人机交互、感知技术和神经科学等多个领域的蓬勃发展。目前，虚拟现实技术日趋成熟，已逐渐渗透到各个领域，成为科技革命的催化剂。

虚拟现实的魅力在于其能够将用户从现实世界转移到虚拟环境中，得到身临其境的感受。虚拟现实交互的重要性在当今数字化时代的科技和人机交互研究中愈发突显，其在虚拟环境中的实现对于用户体验的质量和技术应用的成功具有决定性的影响。在虚拟现实应用中，交互性影响到用户完成任务的效率和学习效果。一个精心设计的虚拟环境不仅能够激发用户的好奇心，还能够引导用户完成特定任务。而如何让交互达到与真实世界无异，乃至超越之，是每一位研究者与开发者所孜孜以求的。

虚拟现实的交互性是创造深度沉浸和个性化体验的关键。然而目前所面临的问题除了技术的局限性，更多的是思维的限制。众多设计师在面对虚拟现实时，往往还停留在传统的交互设计思维中，这使得许多虚拟现实应用看似华丽，实则不够人性化，无法提供真正沉浸式的体验。本书则将打破这一束缚，探索与实践真正意义上的虚拟现实交互设计，书中将探讨虚拟现实交互设计的关键要素，包括用户界面、交互模式、运动控制、触觉反馈等方面。此外，本书还将讨论如何利用Unity等开发工具进行虚拟现实交互设计，以及如何优化用户体验和满足不同用户需求。在虚拟现实交互设计中，心理学、认知科学、人机交互等学科的知识都起到了决定性的作用。读者在阅读本书时，不仅会学到专业的设计与策划技能，也会对这些跨学科的知识有所了解，从而在实践中更加得心应手。

《虚拟现实交互设计 Unity产品原型设计与策划》是一本内容丰富、结构清晰的图书。它不仅涵盖了虚拟现实产品设计的各个方面，还结合案例进行了实例分析，为读者提供了宝贵的指导和启示，帮助他们在虚拟现实产品设计中取得更好的效果。

总而言之，阅读本书将会带领虚拟现实产品设计者踏上引人入胜的创作旅程，为设计者带来深刻启发。在这个令人兴奋的时代，让我们一起探索虚拟现实的未来，掌握虚拟现实设计的精髓。

郝爱民

2025 年 10 月

前　言

2021年被称为"元宇宙"的元年，这一年，定义了虚拟现实技术的最高应用蓝图，同时也指明了虚拟现实技术的发展方向。"元宇宙"的搭建以虚拟现实技术为基础，融合区块链、增强现实、5G、大数据、人工智能等新技术，进而形成新的生活方式、消费方式、感受方式和观察方式。虚拟现实是利用计算机模拟产生一个三维空间的技术，它是多种技术的综合，包括实时三维计算机图形技术、立体显示技术，对使用者头、眼和手等的追踪技术，以及触觉反馈、立体声、网络传输、声音输入与输出技术等。

当前我国正处于深入实施《中国制造2025》，加快制造强国建设的重要时期，"十四五"规划将虚拟现实、增强现实列为数字经济重点产业。虚拟现实既是制造业新的战略性发展方向，也是支撑制造业创新发展、模式转变的重要手段。

随着"元宇宙"时代的到来，虚拟现实理论、技术、开发与应用正进入最佳发展时期。一方面虚拟现实领域已有较优质的产品应用经验可以借鉴，克服了早期的不确定性和盲目性；另一方面"元宇宙"、工业4.0提供了大量的虚拟现实应用需求。与此同时，市面上也已出现大量关于虚拟现实引擎使用、三维美术资产制作、虚拟理论通识等方面的书籍，但有关产品设计方面的图书相对较少。一款虚拟现实产品的产生包含了设计策划、资产制作、技术开发3个方面的工作，设计策划可谓是最关键的一环，它直接决定了交互的有效性、产品的质量。

本书着眼于虚拟现实产品设计，共分为3篇，从基础概念到设计方法再到实践应用，全面讲解虚拟现实产品设计策划全流程等内容。在此需要说明的是，本书中所提及的"产品"是指"虚拟现实数字软件"。

第1篇　虚拟现实产品概述

本篇主要讲解虚拟现实的基础知识，共3章。第1章概括阐述虚拟现实的概念、特性、VR、AR、MR的辨析，以及虚拟现实系统的构成；第2章基于产品分类对虚拟现实系统进行讲解，包括沉浸式、桌面式、增强式和分布式；第3章从机械制造、医疗健康、教育教学、文化旅游、电子商务、数字娱乐、军事模拟、航空航天、农业生产、交通运输、广告传媒、影视制作等领域讲解虚拟现实产品的表现形式。

第2篇　虚拟现实产品的设计方法

本篇共6章，即第4~9章。第4章对三维建模、立体显示技术、真实感实时绘制技术、三维虚拟声音技术、人机交互技术、碰撞检测技术进行讲解；第5章主要介绍人机交互的发展史、人机交互方法、人机交互设计准则、人机交互界面设计等内容；第6章系统性地讲解虚拟现实产品的设计理论和方法，包括虚拟现实镜头设计、基于沉浸性提升的设计原则、虚拟现实产品设计理论、产品策划基础、艺术性设计；第7章详细讲解产品策划文档各部分的写作方法，包括概念设计、机制设计、交互设计、时空设计、叙事设计5个部分；第8章主要讲解虚拟现实产品的评估方法和标准，包括产品分析的内容、可用性分析两部分；第9章介绍产品设计开发流程，包括从初期的需求分析与策划、开发环境搭建到三维素材准备、虚拟环境构建、交互系统实现，以及最终的软件测试与发布等内容。

第3篇 虚拟现实产品设计案例

本篇共两章，即第10~11章，通过两个案例从不同角度对虚拟现实产品的设计进行讲解。第10章航空维修虚拟仿真以产品原型设计为侧重点梳理仿真产品的设计过程，第11章虚拟现实美术馆以完整项目开发制作的思路阐述头戴式虚拟现实娱乐产品的设计开发流程。

本书从行业视角出发，力图以全面、真实的视角阐述虚拟现实产品的设计理论及方法，但囿于水平，书中难免存在疏漏与不足之处，读者可扫描封面上的二维码，与我们交流，诚挚地希望读者朋友们给予批评、指正。

编者

2025 年 10 月

目　录

第1篇

虚拟现实产品概述

第2篇

虚拟现实产品的设计方法

第3篇

虚拟现实产品设计案例

第1篇
虚拟现实产品概述

本篇共3章，主要介绍虚拟现实产品设计方面的基础知识，包括虚拟现实的概念、特性，VR、AR、MR的辨析，虚拟现实系统的构成，产品的分类，以及虚拟现实技术在不同行业的应用。

第1章
虚拟现实概述

虚拟现实的英文是Virtual Reality（简称VR）。很多人简单地认为它就是一个头盔，而这种认知甚至广泛出现在很多专著和报道中。这里将对虚拟现实的概念进行科学的解释。"虚拟现实"是Jaron Lanier（杰伦·拉尼尔）在20世纪80年代提出的概念，而虚拟现实技术则是一项融合了计算机图形学技术、多媒体技术、计算机仿真技术、传感器技术等的综合性技术，它以特有的创造性和沉浸性迅速成为信息技术领域的高端技术。本章主要介绍虚拟现实的概念与特性，VR、AR、MR辨析，以及虚拟现实系统的构成。

1.1 虚拟现实的概念

虚拟现实技术又称"灵境技术""虚拟世界""赛博空间"等，原来是美国军方研究出来的一种计算机仿真技术，主要用于军事上的仿真，在美国军方内部使用。一直到20世纪80年代末期，虚拟现实技术才作为一个较完整的体系受到人们的极大关注。20世纪80年代，美国人Jaron Lanier（杰伦·拉尼尔）创立了VPL Research公司，该公司生产的数据手套可以捕捉人手的动作，用于实现人与三维虚拟世界的交互。为了宣传其公司和产品，拉尼尔灵机一动，创造出了一个响亮的名字——虚拟现实。

经过几十年的发展，虚拟现实技术可用于创造出具有较强沉浸感的虚拟世界。利用高性能的计算机系统，可实时生成具有高度真实感的画面，佩戴头盔显示器或利用大屏显示设备，可以给人提供高度沉浸感的视觉体验。虚拟现实技术的应用领域已经远不止军事、医学、建筑、考古等，它在娱乐、艺术、教育等诸多领域也得到了广泛的应用，并带来了巨大的经济效益。从本质上说，虚拟现实系统就是一种先进的计算机用户接口，通过给用户同时提供诸如视、听、触等各种直观又自然的实时感知交互方式来最大限度地方便用户的操作，提高整个系统的工作效率。

虚拟现实的定义一般分为狭义的和广义的两种。狭义的虚拟现实就是指智能的人机界面或高端的人机接口，它利用多种感觉通道进行实时模拟仿真与交互，使人以视、听、触、嗅等方式来感觉和认识由计算机生成的虚拟世界，促进人与计算机的交互，提高人机交互的效率。广义的虚拟现实是对虚拟想象或者现实世界的模拟实现，通过把客观世界的局部用电子的方式模拟出来，并通过自然的方式使人们接收或响应模拟环境中的各种感官刺激，与其中的人及物体产生交互，最终产生身临其境的感觉。

综合虚拟现实在狭义及广义两个层面上的定义，虚拟现实是指采用以计算机技术为核心的现代高科技技术，生成具有逼真的视觉、听觉、触觉等感官效果的虚拟世界。用户借助必要的设备以自然的方式与虚拟世界中的物体进行交互，从而产生身临其境的感受。

虚拟现实技术的发展与普及有十分重大的意义。它改变了过去人与计算机之间枯燥、生硬、被动的交流方式，使人机之间的交互变得更人性化，为人机交互接口开创了新的研究领域，为智能工程的应用提供了新的界面工具，为各类工程的大规模数据的可视化提供了新的描述方法，同时改变了人们的工作方式和生活方式。虚拟现实技术已成为一门艺术、一种文化，深入我们的生活与工作中。

1.2 虚拟现实的特性

对于虚拟现实的特性，目前行业和学界已形成一个普遍的观点，即将其概括为"3I"。"3I"是指沉浸性（Immersion）、交互性（Interaction）和构想性（Imagination）。这3个词的英文首字母皆为I，故被称为"3I"。

沉浸性指虚拟现实系统应能使人产生身临其境的感觉，即虚拟世界能够给人多种感官信号，包括基于立体逼真图像的视觉信号、基于立体声音的听觉信号、力觉信号、触觉信号、运动感知信号，甚至包括味觉信号、嗅觉信号等，这也被称为"多感知性"。用户在由计算机生成的虚拟世界中，通过对视觉、听觉、触觉等感官效果的模拟体验，置身于无限接近真实的世界中，产生身临其境的感觉。

沉浸式虚拟现实

交互性指用户能以较自然的方式与虚拟世界进行交互。例如当用户转动头部时，其所看到的景象也应发生变化；当用户触碰场景中的物体时，物体会做出近似真实的物理反应等。交互性也可理解为用户对虚拟世界内物体的可操作程度和从虚拟世界中得到反馈的自然程度（包括实时性）。在虚拟世界中，各种对象之间可以通过输入、输出设备，影响用户或者被用户影响。交互性是人机和谐的关键要素。

构想性则是指虚拟现实技术应具有广阔的可想象空间，可拓宽人类的认知范围。通过它不仅可以再现真实存在的环境，也可以构想客观上不存在的，甚至不可能存在的环境。人类在许多领域都面临着越来越多的前所未有而又必须解决和突破的问题。借助虚拟现实技术，人们可以从定性和定量综合集成的虚拟世界中得到感性和理性的认识，进而深化概念，产生新创意和新构想。

1.3 VR、AR、MR辨析

在虚拟现实的热潮中，另一种技术的应用开始普及，那就是增强现实技术。所谓增强现实（Augmented Reality，AR）是指将计算机生成的虚拟物体或系统提示信息等叠加到现实场景中，从而实现对现实的"增强"。

增强现实技术是在虚拟现实技术的基础上发展起来的，是能将现实世界信息和虚拟世界信息进行"无缝"集成的一种新技术。它借助计算机图形学和可视化技术，将计算机生成的虚拟对象或者系统提示信息等借助显示设备准确叠加在现实环境中，从而实现虚拟环境与现实环境的融合，给用户提供极为真实的感官效果。

增强现实技术的基本原理是在使用相机拍摄的现实环境中，将被拍摄物体的位置、属性及拍摄角度等信息，通过特定的算法实时地叠加到与被拍摄的现实环境对应的虚拟物体上。增强现实把虚拟的信息应用到现实世界并使其被人体感知，带给用户超越现实的体验。

增强现实作为连接现实世界和虚拟世界的桥梁，包含以下两方面的主要特征。

● 增强现实的优越性体现在实现虚拟对象和现实环境的融合方面，让现实世界和虚拟对象共存。

● 增强现实可用于实现虚拟世界和现实世界的实时同步和自然交互，使用户在现实世界中真实地体验虚拟世界中的模拟对象，增强体验的趣味性和互动性。

事实上，早在1994年，Paul Milgram等人就在论文中提出了现实－虚拟连续体（Reality-Virtuality Continuum）的概念，确定了虚拟现实、增强现实和混合现实（Mixed Reality，MR）在连续体中的位置。

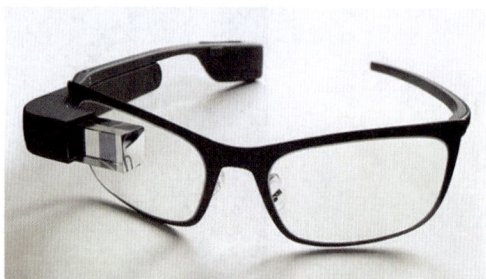

增强现实眼镜

在现实－虚拟连续体（见下图）中，最左端为现实世界，最右端为虚拟世界；在现实世界中添加虚拟信息的为增强现实，而在虚拟世界中加入现实世界信息的则被称为增强虚拟（Augmented Virtuality，AV）。增强现实和虚拟现实所处的整个区间都被称为混合现实。

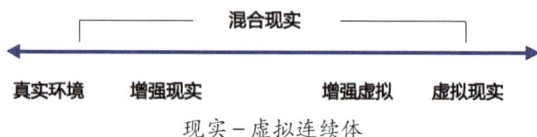

现实－虚拟连续体

　　增强现实强调在现实场景中融入由计算机生成的虚拟信息的能力，并不隔断用户与现实世界之间的联系。

　　混合现实通过感知现实世界的三维信息并准确定位人在室内场景中的方位，可实现更深入的虚实交互，如虚拟物体可以准确地"放置"在三维空间中的桌子、墙壁上，并有遮挡判断，与现实场景融为一体。

増强现实的应用效果

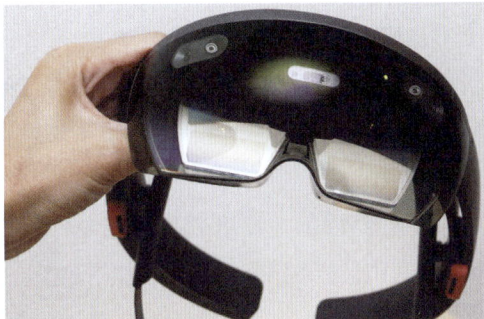

MR眼镜设备

　　混合现实的最终形态是"智能硬件之父"多伦多大学教授Steve Mann提出的介导现实[1]（Mediated Reality）。在二十世纪七八十年代，混合现实技术通过在虚拟世界中引入真实场景信息，在虚拟世界、现实世界和用户之间搭起一个交互反馈的信息回路，增强了用户体验的真实感。

　　混合现实通过合并真实场景信息和虚拟环境产生新的可视化环境。在新的可视化环境里，物理和数字对象共存，并实时互动。混合现实在呈现内容上比虚拟现实更丰富、更真实，混合现实和增强现实更接近，但在呈现内容的视角上比增强现实更广阔。混合现实一般采用光学透视技术，在人的眼球上叠加虚拟图像——在采用视频透视技术时，通过双目摄像头实时采集看到的"现实"世界并数字化，然后通过计算机算法实时渲染画面，既可以叠加部分虚拟图像，也可以完全叠加虚拟图像。

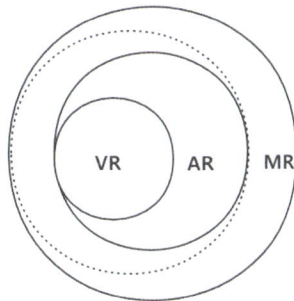

VR、AR、MR的应用范围

1.4　虚拟现实系统的构成

1. 计算机

　　在虚拟现实系统中，计算机是系统的心脏，负责虚拟世界的生成、人与虚拟世界的交互等功能的实现。由于生成的虚拟世界本身具有很强的复杂性，尤其在大规模复杂场景中，生成虚拟世界所

1　介导现实，英文全称为Mediated Reality，虚拟现实是纯虚拟数字画面，增强现实和混合现实是"虚拟数字画面＋裸眼现实"，而介导现实则是"数字化现实＋虚拟数字画面"。

需的计算量巨大，因此虚拟现实系统对计算机配置的要求极高。

2. 输入和输出设备

在虚拟现实系统中，用户与虚拟世界之间要实现自然的交互，仅依靠传统的键盘与鼠标是无法实现的，这时需采用特殊的输入和输出设备，用以识别用户各种形式的输入内容，并实时生成相应的反馈信息。常用的设备有用于手势输入的数据手套、用于语音交互的三维声音系统、用于立体视觉输出的头盔显示器等。

3. 应用软件

在虚拟现实系统中，应用软件需完成的任务包括虚拟世界中物体的几何模型、物理模型、运动模型的创建，三维虚拟立体声的生成，虚拟世界数据库的创建与管理等。

4. 数据库

虚拟世界数据库主要用于存放整个虚拟世界中所有物体的各方面的信息。虚拟世界中含有大量的物体，虚拟世界数据库中需要有相应的模型。如在显示物体图像时，需要有描述虚拟世界的三维模型数据库的支持。

虚拟现实系统的概念性结构如右图所示。该结构简洁地表达了一个完整的虚拟现实系统应具备的模块及模块间的关系。

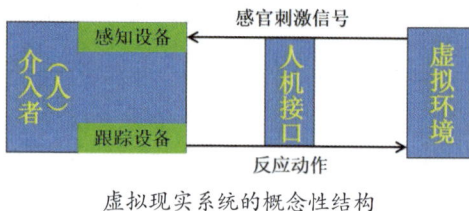

虚拟现实系统的概念性结构

从右图中可以看出，虚拟现实系统应当包含3个方面的内容。

- **介入者**，即人。虚拟现实系统是给人体验的，在进行虚拟现实系统开发前必须深入了解人的感官特性，明确需要给人提供什么样的信息，才能更好地使其产生沉浸感。同时，人的动作、方位、声音等信息也是虚拟现实系统的重要输入信息，基于这些信息才能实现人与虚拟世界的自然交互。

- **虚拟环境**，即在计算机中构建的三维虚拟环境（在硬件平台和软件系统的基础之上开发出的一个三维虚拟世界）。

- **人机接口**。通过它可以将人和虚拟世界连接起来。人机接口设备分为感知设备和跟踪设备。感知设备负责将虚拟世界的信息输出并传送给人，为人提供视觉、听觉、力觉、触觉等感知信号，使人产生沉浸感；跟踪设备则负责捕捉人的动作、位置、声音，甚至脑电波等信息，并将其输入虚拟世界，从而实现人与虚拟世界的实时互动。

2

虚拟现实产品分类

虚拟现实产品可以根据开发时使用的技术划分成不同的类别，本章主要对此进行介绍。

虚拟现实技术用于为用户提供真实的体验和基于自然的交互。根据对沉浸性和交互性的要求不同，可将虚拟现实产品划分为4种典型类型：沉浸式虚拟现实系统、桌面式虚拟现实系统、增强式虚拟现实系统、分布式虚拟现实系统。其中桌面式虚拟现实系统因为技术简单、实用性强、需投入的成本相对较少，所以在实际中应用得较广泛。

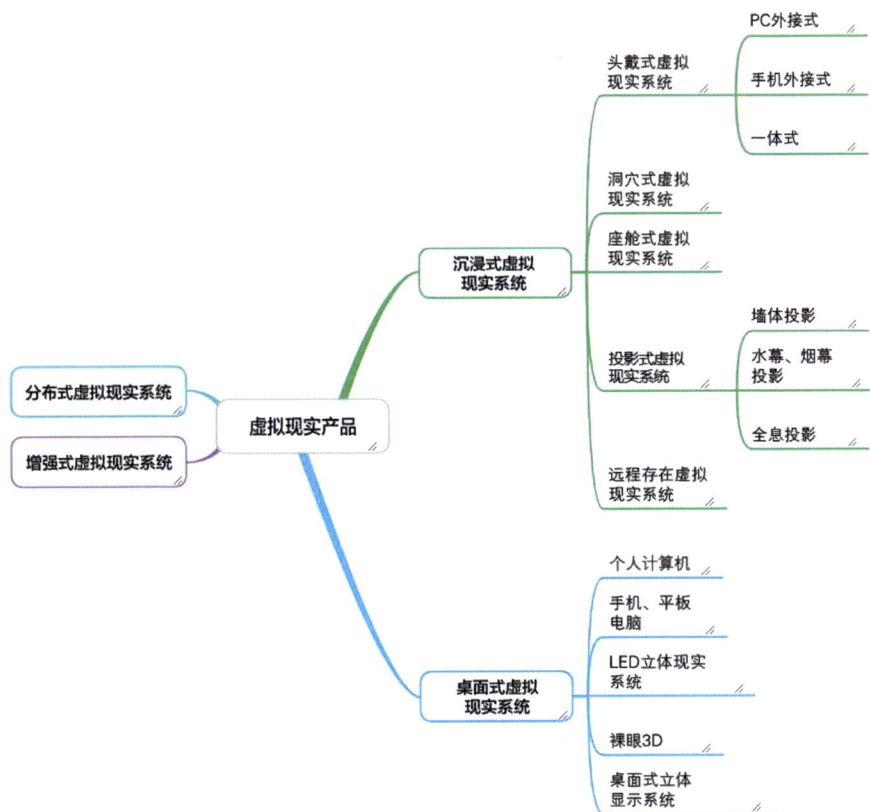

虚拟现实产品分类

2.1　沉浸式虚拟现实系统

沉浸式虚拟现实（Immersive Virtual Reality）系统可以将用户的头或整个身体包裹进去，将用户的视觉、听觉与外界隔离，从而排除外界干扰，用户可以全身心地投入虚拟现实世界中。沉浸性是虚拟现实技术的一个根本特征。沉浸式虚拟现实系统是目前国际上普遍采用的虚拟现实和视景仿真的显示方式。沉浸式虚拟现实系统是一种最典型、最实用、最容易让人投入的虚拟现实系统。

沉浸式虚拟现实系统

沉浸式虚拟现实系统是一种高级的、较理想的虚拟现实系统。它通常采用洞穴式立体显示装置或头盔显示器等设备，把用户的视觉、听觉和其他感觉封闭起来，并提供一个新的、虚拟的感觉空间，利用空间位置跟踪器、数据手套、三维鼠标等设备，使用户产生一种身临其境、完全沉浸其中的感觉。沉浸式虚拟现实系统具有以下4个特点。

- **强大的实时性能**。要想使用户拥有与在现实世界中相同的感觉，沉浸式虚拟现实系统就必须具有强大的实时性能。

- **较强的沉浸性**。沉浸式虚拟现实系统采用多种输入与输出设备来创造一个虚拟的世界，并使用户沉浸其中，同时使用户与现实世界隔离，不受现实世界的影响。

- **良好的系统集成度与整合性能**。为了使用户产生全方位的沉浸感，沉浸式虚拟现实系统实现了多种设备与多种相关软件的相互作用，且相互之间不会产生影响，具有良好的整合性能。

- **良好的开放性**。虚拟现实技术发展迅速，其中一个原因是它采用了其他先进技术。在沉浸式虚拟现实系统中尽可能利用最先进的硬件设备、软件及软件技术等，这就要求沉浸式虚拟现实系统能方便地改进硬件设备、软件及软件技术。因此必须用灵活的方式构建沉浸式虚拟现实系统的软、硬件结构体系，使其能同时支持多种输入与输出设备并行工作。

常见的沉浸式虚拟现实系统有头戴式虚拟现实系统、洞穴式虚拟现实系统、座舱式虚拟现实系统、投影式虚拟现实系统、远程存在虚拟现实系统。

头戴式虚拟现实系统采用头盔显示器来实现单用户的立体视觉输出，并创建立体声音输入的环境。它把现实世界与用户隔离，使用户的听觉、视觉等都只关注虚拟世界。

头戴式虚拟现实系统

洞穴式虚拟现实系统也称CAVE虚拟现实系统，采用一个或多个大屏幕的投影来实现大画面的立体视觉效果和立体声音效果，使多个用户产生完全投入的感觉。该系统是基于多通道视景同步技术和立体显示技术的空间里的投影或屏幕可视协同环境，可供多人使用，而且可以使所有用户均沉浸在一个被立体投影画面包围的虚拟仿真环境中。它借助相应的虚拟现实交互设备，使用户获得身临其境和4~6个自由度的交互感受。

洞穴式虚拟现实系统

座舱式虚拟现实系统是一个配置有运动系统的模拟座舱，用户坐在舱内，通过显示仪表等设备完成操作。用户可从"窗口"观察到外部景物的变化，可感受到座舱的旋转和倾斜，置身于一个能使其产生真实感受的虚拟世界里。该系统目前主要用于飞机和车辆等能够形成密闭空间的驾驶模拟。

投影式虚拟现实系统，是一种采用"投影＋幕布"的影像输出形式营造的虚拟现实环境的系统。一般使用高流明投影机将影像投放输出到介质上，代替传统屏幕的方式成像，随着技术的发展，投影介质也不再局限于幕布，而是延伸到了水、建筑、烟雾、半透明膜，甚至是空气。如烟幕、水幕

座舱式虚拟现实系统

投影就在很多旅游景区使用，水幕投影是将影像直接投影到由数个喷泉组成的水幕上，水本身的透明感让影像显得更加立体，场景显得更加宏大，配以音乐渲染，可以带给观众极强的沉浸式视觉感知。同样，投影介质还可以选择直接投影到建筑外墙体，如同给整体建筑换了一件衣服，如果能够和建筑本身的结构相结合制作成精良的投影动画内容，则能够以假乱真。北京环球影城中《霍格沃茨城堡灯光秀》便是沉浸式墙体投影中的典型案例。全息投影采用全息膜作为投影介质，即透光率在60%~96%的透明介质，主要使用亚克力材料制成，或加工成薄膜贴到全透明介质之上。全息投影已经在舞台表演中广泛使用。投影式虚拟现实系统对光环境要求较高，需要周围呈现黑色的整体环境，方能保证投影效果。

投影式虚拟现实系统

远程存在虚拟现实系统也称遥控操作系统。使用该系统用户可以通过计算机和网络获得逼真的感觉现实和交互反馈，身临其境一般，并可以远程进行遥控操作。它由用户、人机接口、遥控操作机器人组成。实际上这里的环境是遥控操作机器人工作的现实环境，是远离用户的，可以是用户无法进入的环境，如核环境、深海工作环境等。远程存在虚拟现实系统可使用户感受这些环境，并完成对应环境中的工作。

远程存在虚拟现实系统

2.2 桌面式虚拟现实系统

桌面式虚拟现实（Desktop Virtual Reality）系统利用个人计算机和低级工作站进行仿真，将计算机的屏幕作为用户观察虚拟世界的窗口，创建三维立体空间中的交互场景，用户通过键盘、鼠标和力矩球等输入设备操纵虚拟世界中的物体，实现与虚拟世界的交互。

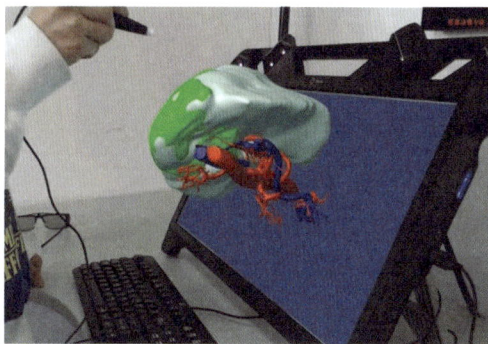

桌面式虚拟现实系统采用的设备较少，成本较低，对于开发人员来说，桌面式虚拟现实系统是从事虚拟现实研究工作的一个非常好的选择。

桌面式虚拟现实系统

桌面式虚拟现实系统与沉浸式虚拟现实系统相比，主要有以下差异。

- **沉浸性的差异**。桌面式虚拟现实系统通常采用彩色显示器或配合三维立体眼镜；沉浸式虚拟现实系统则采用头盔显示器，沉浸性更强。

- **交互装置的差异**。桌面式虚拟现实系统采用的交互装置通常是三维鼠标或者三维操纵杆；沉浸式虚拟现实系统则采用数据手套、数据服装或头盔显示器等交互装置，交互性更好。

在使用桌面式虚拟现实系统时，用户通常不会完全投入虚拟世界中，因为用户仍然会受到周围现实环境的干扰。要增强沉浸性，可以使用三维立体眼镜（如CrystallEyes），通过它用户可以看到虚拟世界中的立体对象；采用三维鼠标（6个自由度）或数据手套，用户可以同虚拟世界中的虚拟物体产生交互。

个人计算机

数据手套

虽然桌面式虚拟现实系统不能带给用户完全的沉浸式体验，但由于其成本较低，应用仍然比较普遍。在这类系统中，仅借助显示器等廉价的硬件设备，就可以产生一定的三维沉浸性。因此，桌面式虚拟现实系统的主要特点是小型、经济，非常适用于虚拟现实工作者的教学、研发和实际应用。

2.3 增强式虚拟现实系统

增强式虚拟现实（Augmented Virtual Reality）系统允许用户看到现实世界，以及叠加在现实世界中的虚拟对象。它是把现实世界和虚拟世界组合在一起的一种系统。在增强式虚拟现实系统中，虚拟对象提供的信息往往是用户无法凭借自身器官直接感知的深层信息，用户可以利用虚拟对象提供的信息来增强对现实世界的认知。

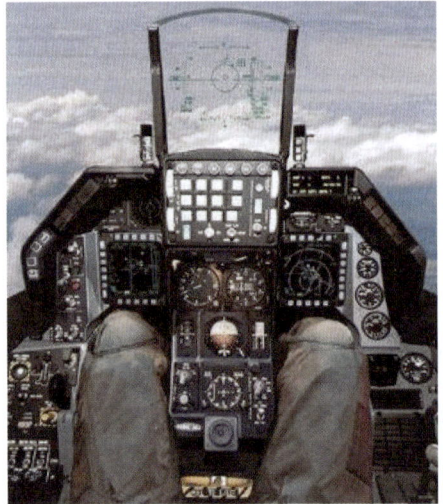

目前增强式虚拟现实系统常用于医学可视化、军用飞机导航、设备维护与修理、娱乐、文物古迹的复原等。医学方面的典型应用实例是医生在进行虚拟手术时，戴上可透视的头盔显示器，既可看到手术现场的情况，又可以看到手术所需的各种资料。

增强式虚拟现实系统

军事方面的典型应用实例是战斗机飞行员的平视显示器，它可以将仪表读数和武器瞄准数据呈现在飞行员面前的穿透式屏幕上，使飞行员不必低头读座舱中仪表的数据，从而集中精力盯着敌人的飞机。

增强式虚拟现实系统可以使用光学技术或视频技术实现。若使用光学技术实现，则使用光学融合镜片，此镜片具有一定的透光性和反射性，既允许现实世界的部分光线透过，又能将来自图形显示器的光线反射到用户的眼睛中，由此实现现实世界与虚拟世界的叠加。若使用视频技术实现，则通过摄像机对现实世界进行采样，并在图形处理器中将采样信息叠加在虚拟图像上，然后传送回显示器。

2.4 分布式虚拟现实系统

随着网络技术的迅速发展，信息应用系统在深度和广度上发生了本质的变化。分布式虚拟现实（Distribute Virtual Reality）系统是虚拟现实技术和网络技术结合的产物，它使位于不同位置的多个用户或多个虚拟世界通过网络连接来共享信息。

分布式虚拟现实系统在沉浸式虚拟现实系统的基础上，将分布在不同位置的多个用户或多个虚拟世界通过网络连接在一起，使其同时处于一个虚拟空间中。计算机通过网络与用户进行交互，以达到协同工作的目的。它将虚拟现实的应用提升到了一个更高的水平。

将虚拟现实和分布式系统结合有两方面的原因：一方面是充分利用分布式计算机系统提供的强大计算能力；另一方面是有些应用本身具有分布特性，如多人通过网络进行虚拟战争等。

根据分布式系统的共享应用系统个数，可以把分布式虚拟现实系统分为集中式结构和复制式结构两种。

集中式结构是指在中心服务器上运行一个共享应用系统，中心服务器用于对多个用户的输入、输出操作进行管理，允许多个用户进行信息共享。由于同步操作只在中心服务器上完成，因此比较容易实现。

复制式结构是指在每个用户使用的机器上复制中心服务器，这样每个用户都有一个共享应用系统。复制式结构的优点是所需网络带宽较小。由于每个用户只与共享应用系统的局部备份进行交互，所以其交互式响应效果好，而且在局部机器上进行输出，简化了异种机环境下的操作。缺点是比集中式结构复杂，在维护共享应用系统中的多个备份信息或状态一致性方面比较困难。

分布式虚拟现实系统在远程教育、科学计算可视化、工程技术、建筑、电子商务、交互式娱乐、艺术等领域都有着极其广泛的应用前景。利用它可以实现多媒体通信、设计协作系统、实景式电子商务、网络产品、虚拟社区的应用系统。

虚拟世界作战演习

分布式虚拟现实系统在教育领域的应用

3

第3章
行业技术的应用

目前，虚拟现实技术在教育、设计、数据可视化、商业，以及艺术与娱乐等诸多领域起着重要的作用。本章主要对虚拟现实技术在不同行业及领域的应用进行分析。有关统计资料表明，虚拟现实技术目前在军事与航空、娱乐、医学、机器人领域的应用占据主流，其次是教育及艺术商业领域，另外在可视化计算、制造业等领域也占有一定的比重，并且应用越来越广泛。

3.1 机械制造

虚拟现实技术在机械制造领域的应用越来越广泛，例如在汽车制造业中，虚拟现实技术在设计、零部件制造、组装和销售环节都有所应用。厂商可以利用虚拟现实技术看到1:1的产品仿真效果，使设计中抽象的概念具体化。使用虚拟现实技术，不仅可以在产品设计前期做一些可行性的虚拟测试，而且可以在产品设计过程中简化产品的设计操作，在产品设计后期模拟各种虚拟的场景，让设计师身临其境地测试产品效果，以便更好地优化产品。

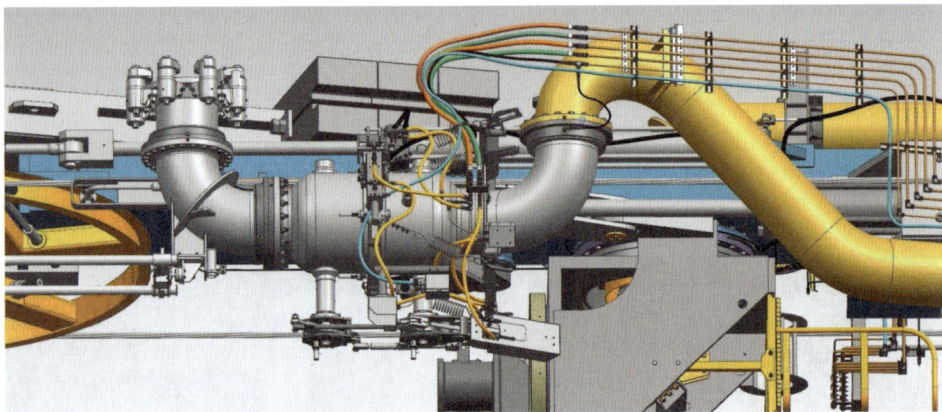

利用虚拟现实技术制作的1:1的三维模型

虚拟现实技术应用在机械制造领域中和应用在其他领域的不同之处在于，它不仅要实现与用户的实时交互，还要实现与现场数据库的实时交互。当现场的状态发生改变时，在虚拟世界中的用户能看到和现场匹配的模型状态的改变，或者当用户想改变现场的状态时，可以通过鼠标单击虚拟世界中的模型来实现。这既需要与现场设备随时交换数据，又需要根据现场返回的数据实时改变虚拟场景。

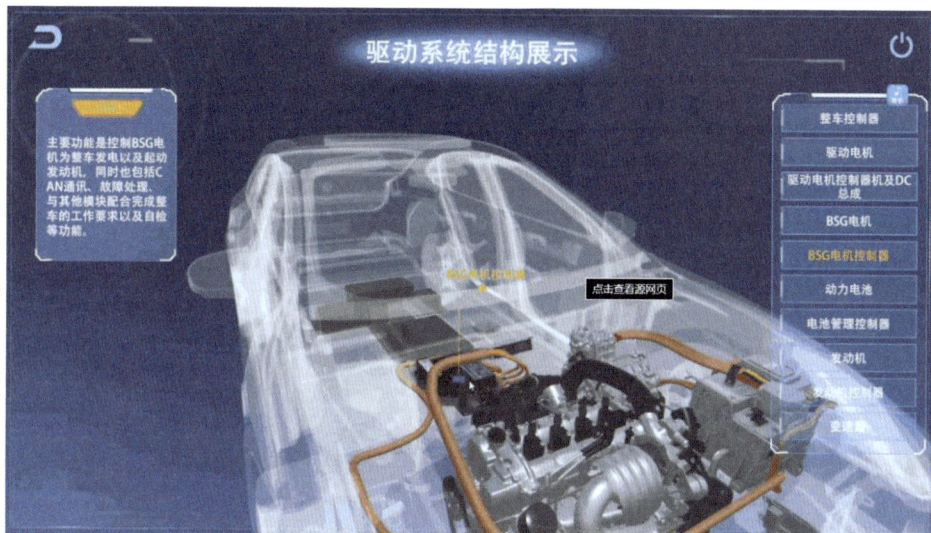

汽车维修虚拟仿真实验

　　虚拟现实技术已大量应用在汽车、煤炭及石油等工业领域中。对于汽车工业而言，虚拟现实技术可用于创建一种人工环境，在这种环境中人能以一种"自然"的方式从事驾驶、操作和设计等实时活动。虚拟现实技术也可以广泛用于汽车设计、试验和培训等。借助虚拟现实技术创建的三维汽车模型，可显示汽车的悬挂系统、底盘、内饰，甚至每一个焊接点，由此设计者可确定每个部件的质量，了解各个部件的运行性能。这种三维模型的准确度很高，汽车制造商可按得到的数据直接进行大规模的汽车生产。

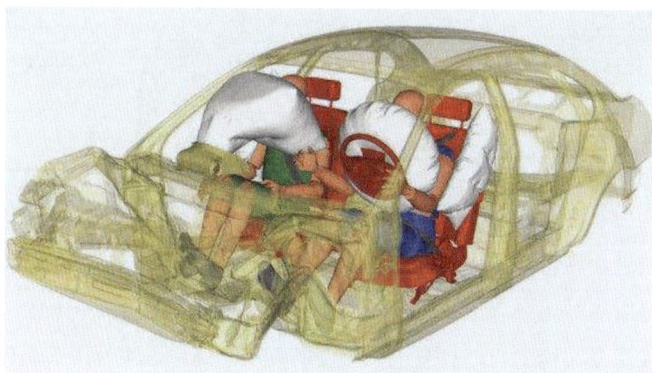

汽车碰撞虚拟仿真实验

　　虚拟现实技术以虚拟仿真产品的形式主要应用在需要进行危险作业的环境下，为安全生产、优化设计等提供了一种有效的手段；对企业提高工作效率，加强数据采集、分析、处理能力，减少决策失误，降低风险起到重要的作用。

3.2 医疗健康

虚拟现实技术在遥控外科手术、复杂手术的计划安排、手术过程的信息指导、手术后果预测、改善残疾人生活状况、新型药物的研制、辅助诊断、模拟治疗等医学领域中得到大范围的应用，并且在医生模拟操刀、熟悉手术过程和提高手术成功率方面发挥着重要作用。虚拟现实手术是一种使用医学影像数据和虚拟现实技术在计算机中创建一个虚拟环境，医生借助虚拟世界中的信息进行手术计划、训练，以及在实际手术过程中辅助开展的新兴手术方法。

运用虚拟现实技术可以使医务工作者沉浸于虚拟场景内，通过视觉、听觉、触觉感知并学习各种实际手术操作，体验并学习如何应对临床手术中的实际问题。这样可节约培训医务工作者的费用和时间，使手术的风险大大降低，对提高医学教育与训练的效率和质量，以及改善医学手术水平发展不平衡的状况有着重要作用。虚拟现实技术可辅助医生快速做好病情诊断，及时确定手术方案，提高手术成功率。同时，在虚拟世界中教学，真实感知操作环境并重复练习，可确保手术训练切实有效，提高医务工作者的协作能力。

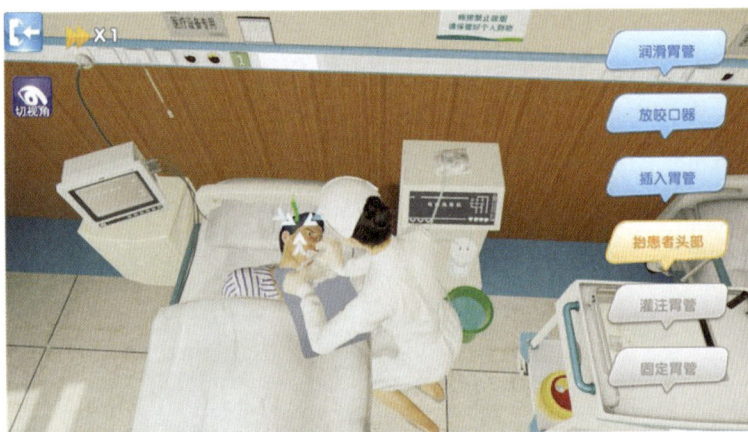

医疗领域的虚拟仿真实验

当患者被诊断出患有心理焦虑的病症后，可将其带到一个装有虚拟现实设备的房间里，让其与虚拟人进行交流，或者让患者坐在一个很舒服的椅子上，打开虚拟现实设备，使病人进入一个崭新的、安详的虚拟环境中。

虚拟现实技术在医学方面的应用具有十分重要的现实意义。医生利用头盔显示器或立体眼镜观察这些合成图像，进行诊断治疗。在实施复杂的外科手术前，先用外科手术仿真器模拟出手术台和虚拟的病人身体，医生用头盔显示器监测病人的血压、心率等指标，用带有位置跟踪器的手术器械进行演练，甚至可能感受到手术时虚拟肌肉的阻力。根据演练的结果，医生可以制订出实际手术的最佳方案。

心理治疗与辅导虚拟仿真实验

3.3　教育教学

对于教育教学来说，使用虚拟现实技术能将三维空间的概念清楚地表示出来，使学生们直接与虚拟世界中的各种对象进行交互，并通过多种形式参与事件的发展变化过程，从而获得最大的控制和操作整个虚拟环境的自由度。

在虚拟的学习环境中，学生们可置身于生动、逼真的课堂氛围中，加深对所学知识的印象，这种亲身感受的主动式交互学习比空洞抽象的说教更有效。这种呈现多维度信息的虚拟学习和培训环境，可为学生直观、有效地掌握一种新技能提供新途径。

教师在使用虚拟现实设备上课

使用虚拟现实技术，学生们即使身处不同地方，也能体验到学习的情境化和自然交互性。虚拟现实技术已经开始改变教学方式，也将改变未来的阅读方式，使阅读者可以当一回泰坦尼克号的乘客，或者与阿姆斯特朗一起登上月球，甚至体验更久远的历史上的其他活动。

虚拟现实技术在教育与培训领域的应用，诸如虚拟科学实验室、生态教育、特殊教育、仿真实验等，具有明显的优势和特点。

另外，虚拟现实技术在残疾人教育方面也发挥着重要作用。在高性能计算机和传感器的支持下，残疾人使用数据手套等交互设备，能将自己的手势翻译成相应语言；配上目光跟踪装置，能将眼睛的动作翻译成相应手势、命令。

在引入多媒体教学方法后，教学不再局限于黑板，教师可以借助电脑、投影设备、音像

课堂上教师使用虚拟现实设备授课

设备等为学生展示图、文、声、像等多种媒体信息，从而取得很好的教学效果。把虚拟现实技术引入教学领域，可使教学效果超越多媒体工具的教学效果。

利用虚拟现实系统进行教学

3.4 文化旅游

将一个现实或虚拟场景在计算机中构建出来，并允许用户在其中交互，这是虚拟现实最早的应用形式之一，也是最广泛的应用形式之一。虚拟现实旅游是其中的一种应用，旨在通过虚拟现实技术为游客提供新的旅游体验，为新的旅游生态和产业版图创造更多的形式。虚拟现实技术提供的革命性沉浸式体验，能够很好地与旅游结合。

早在1994年，美国加利福尼亚大学洛杉矶分校的城市仿真小组就在用Vega等仿真引擎进行多个城市的漫游系统开发。1995年，第一次虚拟世界遗产会议召开，许多研究单位用虚拟现实技术来复原世界遗迹，如美国卡内基梅隆大学开发的虚拟庞贝古城（见下页图）。开发人员根据历史资料重建了地中海地区被维苏威火山喷发而毁掉的庞贝古城，用户可以在虚拟的古城中自由浏览，与城中

的人对话，当单击某个遗迹模型时，会弹出该遗迹的详细说明。

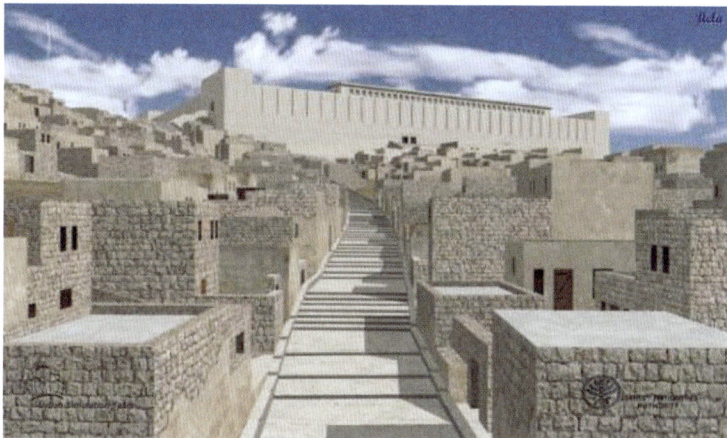

虚拟庞贝古城

数字游戏《刺客信条：大革命》中的巴黎圣母院（见下图），则成了巴黎圣母院烧毁后最好的数字化展示。

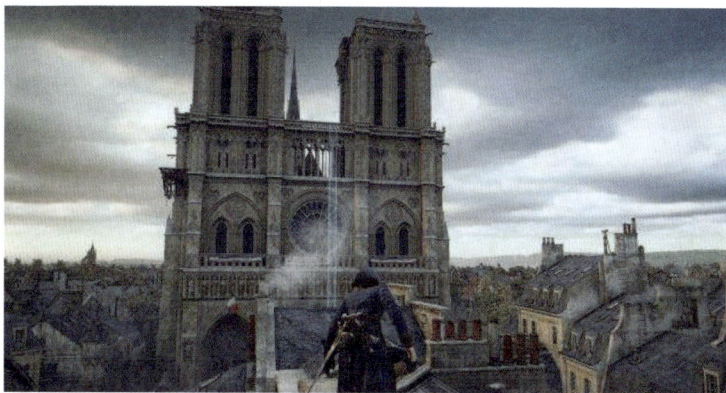

游戏中的巴黎圣母院

三维场景漫游与展示系统将现实或虚拟场景进行完全的数字化构建，这在遗产保护、场景互动展示等方面具有重要意义。近年来，这种方式被广泛应用在旅游、展览、房地产等领域中，具有广阔的应用市场。如今，很多沉浸式虚拟现实设备的普及为三维场景漫游提供了更好的沉浸式体验。

3.5 电子商务

当虚拟现实技术与购物结合后，使用一款虚拟现实设备就能在世界各大商场中穿梭，并且不用再为商品尺寸的选择而发愁。如果要买家具，利用虚拟现实技术可以直接呈现家具摆放在家中的效果，家具的尺寸、颜色是否合适，一目了然，能为消费者提供完完全全的沉浸式购物体验。从消费者的角度来说，通过虚拟现实购物，可以真实、全面地看到自己想要购买的商品，可以足不出户就体验到逛街的乐趣，大大激发消费者的购物欲望。

美国老牌电商eBay与澳大利亚零售商Myer合作推出全球首个虚拟现实百货商店。在虚拟现实百货商店中，消费者可以通过"eBay视觉搜索"浏览或者挑选商品，还可以在线购买多种商品，在购买时消费者只需要注视几秒自己想要的商品便可将其放入购物车内，整个购物过程十分简单。

2016年，阿里巴巴在"双十一"活动之际全面启动"Buy+"计划，消费者可以利用虚拟现实技术在虚拟环境中购物，弥补了原先网络购物中真实性欠缺的不足，颠覆了传统的购物体验。

虚拟现实购物系统

3.6 数字娱乐

虚拟现实的沉浸性与互动性使其在数字娱乐方面具有直接的应用价值。当前，虚拟现实设备已被广泛应用在了电子产品、体验馆、4D影院等数字娱乐场景之中，使虚拟现实技术获得广泛的市场应用。

数字娱乐成为虚拟现实技术产业化的最大推动力之一。数字娱乐的市场需求极大地促进了虚拟现实技术的研究。例如，John D. Carmack开发第一人称射击产品DOOM 3时，发明了一种快速绘制阴影的算法（基于模板缓冲的阴影锥算法），该算法后来被用到很多虚拟现实系统中。如今，用户对画质的极高要求促使虚拟现实引擎厂商纷纷改进渲染算法，使一些优秀的虚拟现实引擎可实时生成电影级别的画面，极大地增强视觉上的沉浸效果，如Adam是基于Unity制作的短片，其实时生成的间接光照、体积雾等效果接近电影级别。此外，体感产品的发展促进了许多跟踪设备的研发，如Wii、PlayStation Move、Kinect等。这些体感设备被广泛应用在虚拟现实系统开发中。

基于 Unity 制作的短片 *Adam*

高盛公司在《VR与AR：解读下一个通用计算平台》行业报告中估计，在虚拟现实的9大主要应用领域中，数字娱乐（包括视频产品和视频娱乐）将占到整个虚拟现实产值的40%，在标准预期模式下将达到148亿美元。可以预见，虚拟现实技术将与数字娱乐应用更紧密地结合，互相促进、共同发展。

丰富的感受与三维显示环境使虚拟现实设备成为理想的视频产品工具。由于娱乐方面对虚拟现实设备提供的真实感要求不是太高，因此近几年虚拟现实技术在该方面发展得比较迅猛。作为传输显示信息的媒体，未来虚拟现实设备在艺术领域具有的潜在应用能力也不可低估。通过虚拟现实技术带来的临场参与感与交互能力可以将静态的艺术作品（如油画、雕刻作品等）转化为动态的，可以使观赏者更好地欣赏艺术作品。由此可见，虚拟现实技术可提高艺术表现能力。

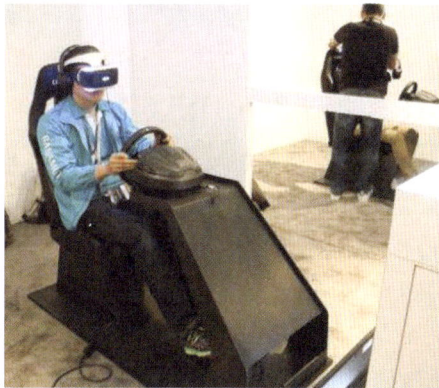

虚拟现实驾驶设备

值得注意的是，在内容上部分数字娱乐产品与传统产品极为相似，如《大富翁》《战锤》等数字产品均由同名桌面产品改编而来，这些改编产品与原作品的故事背景基本相同，玩法类似，但由于平台的差异，又很难说它们是同一个产品。因此，这种基于内容的划分方式应限于数字产品内部，不宜与传统产品混用，以免造成不必要的混淆。随着产品设计的不断创新，数字娱乐产品的种类还在继续增加。

3.7 军事模拟

虚拟现实技术的根源可以追溯到军事领域，军事领域的应用是推动虚拟现实技术发展的原动力之一。

在军事领域中，采用虚拟现实系统不仅可以提高军队作战能力和指挥效能，而且可以大大减少军费开支，节省大量人力、物力，同时保障人员的生命安全。此外，虚拟现实技术还可应用于武器的设计制造等方面。

目前，虚拟现实技术在军事领域中主要应用于以下5个方面。

- **战场环境模拟**。利用由虚拟现实系统生成的三维战场环境图形图像数据库（包括作战背景、战地场景、武器装备和作战人员等），并通过网络等手段创造一个逼真的立体战场环境，以增强临场感，提高训练的效率。

- **近战战术训练**。近战战术训练系统把位置分散的各个军事单位、战术分队的多个训练模拟器和仿真器连接起来，以当前的武器系

军事领域的虚拟仿真

统、配置等为基础，把陆军的近战战术系统、空军的合成战术训练系统、防空合成战术训练系统、野战炮兵合成战术训练系统、工程兵合成战术训练系统通过局域网和广域网连接起来，使众多的军事单位参与模拟作战，而不受空间的限制，具有动态的、分布式的交互作用。这种应用可进行战役理论和作战计划的检验，并预测军事行动和作战计划的结果；可评估武器系统的总体性能，启发新的作战思想。

- **单兵模拟训练**。单兵穿上数据服装，戴上头盔显示器和数据手套，操作传感装置来选择不同的作战场景，练习不同的作战方案，体验不同的作战效果，进而像参加实战一样，提高技术、战术水平，增强快速反应能力和心理承受能力。与常规的训练方式相比，虚拟现实训练具有作战环境逼真、沉浸感强、训练的针对性强、安全经济、可控制性强等特点。

用于单兵模拟训练的虚拟仿真

● **多军种联合战略战术演习**。传统的实战演习，特别是大规模的军事演习，通常会耗费大量资金和军用物资，安全性差，而且很难在实战演习条件下反复进行各种对战状态下的战术和决策研究。建立虚拟战场，使陆、海、空多军种处于同一个战场中，实施联合演习。利用虚拟现实技术，根据侦察的资料合成战场全景图，让受训指挥员通过传感装置观察各军种的兵力部署和战场情况，以便相互配合，共同作战。这样的虚拟作战环境可以使多军种参与模拟作战，而不受地域的限制，大大增加战役训练的效益。借助虚拟军事演习系统进行训练，可以较小的代价、较短的时间，实施大规模战区、战略级演习，并可通过多次演习，发现、解决实战中可能遇到的问题。随着虚拟现实技术在军事领域的应用，军事演习与训练在概念和方法上有了飞跃。

● **武器系统性能评估**。在武器设计与研制过程中，采用虚拟现实技术进行先期演示，检验设计方案，把先进设计思想融入武器装备研制的全过程，从而保证武器的总体质量和性能，实现最佳的武器装备投资。有些无法进行试验或试验成本太高的武器研制工作，也可利用虚拟现实技术来完成。利用虚拟现实技术，可以很方便地控制系统建模和仿真试验的全过程，既能缩短武器系统的研制周期，又能评估其作战性能及操作的合理性，使其达到实战的要求。

虚拟战场

3.8 航空航天

虚拟现实技术早在20世纪90年代就被美国国家航空航天局（National Aeronautics and Space Administration，NASA）使用。目前，虚拟现实技术应用于军事航天领域的训练发展成一种成熟的技术，用于培养航天员执行关键任务。

虚拟现实实验室的一个巨大优势是大大减少了训练花费，宇航员穿着自己的衣服就可以立即开始训练，而不必在耗费大量金钱和精力的中性浮力实验室中进行水下训练。如果发生意外、需要完成计划外的任务，或者某项任务需要修改，在水下训练时要耗费很长时间做相应调整，而在虚拟现实实验室中可快速进行调整。

在2016年9月，NASA和虚拟现实厂商Manus一起开发了一款专供宇航员训练用的虚拟现实产品"空间站VR"，该产品让宇航员只需佩戴专业的手套就能在模拟的空间站中完成相关训练。该产品模拟的空间站十分逼真，各种仪器等应有尽有。这款产品不仅能够达到教学作用，而且能模拟真实的失重效果。这款产品并未对大众开放，仅供宇航员训练使用。

飞机模拟训练

在航空领域中，座舱式虚拟现实系统已经得到了大范围的应用。以飞行模拟为例，通常很难让初次参与训练的飞行员直接去真机上练习，若采用虚拟现实的方式构造一台模拟机舱，这台模拟机舱的"窗口"中可显示逼真的舱外场景，模拟机舱可提供6个自由度的运动体验，并模拟了真飞机的操作按钮及飞行反馈。在操纵真飞机前，飞行员可在这台逼真的模拟机舱中进行充分的练习。飞行模拟训练是当前虚拟现实产业化最成功的范例之一。

3.9 农业生产

虚拟现实技术在农业生产领域主要应用于农牧业虚拟现实体验、展览展示、虚拟仿真及农业资源开发等。近年来，虚拟现实技术成为智慧农业、数字农业发展研究的重点方向。

虚拟现实技术在现代农业中主要用于植物生长模型的创建，对水、肥、温度、湿度、有机质、病虫害等环境进行模拟，根据植物叶片颜色、植物生长状态的变化来诊断病虫害及自动防御等。在休闲农业、观光农业、都市农业领域，通常利用虚拟现实技术，让游览者百分百沉浸式体验作物栽种、管理、观光、采摘等。

农业生产领域的虚拟仿真

在现代农业中应用虚拟现实技术是农业信息化发展的高级阶段，是农业经济发展的创新模式和新的经济增长点，也是当前农耕文化体验、农耕文化科普教育最好的途径之一。虚拟现实技术在现代农业中的应用，不仅可以较好地节约农业生产成本，提高农产品质量和安全，还可以使农业衍生产品得到较好的开发利用，为地方经济文化建设服务，如乡村旅游、虚拟农场体验、农业文化创意等，这些都是现代农业中发展前景非常好的项目。但是要大范围推广虚拟现实技术在农业生产中的应用还面临许多现实问题，如虚拟现实项目建设的软硬件投入资金较大、涉及许多学科的交叉融合（如农业物联网技术、传感技术、农作物生产模型等）。

3.10 交通运输

虚拟现实技术的发展进一步打破了人们在地理空间信息表达和处理等方面的限制，提供了以更高效的方式管理，并以更智能的方式处理地理空间信息的可能。虚拟现实技术越来越多地应用到交通运输领域，特别是在航海模拟器、虚实融合交通场景监控、轨道交通行人仿真等方面具有一定的技术优势。

交通仿真是运用计算机技术创建能够替代实际交通系统的计算机模型的过程。交通仿真利用虚拟现实技术与设备构建可视化交通场景，突出现实交通系统的特性，分析在各种设定条件下交通系统的可能行为，通过仿真模型和人机交互反馈的试验结果，寻求现实交通问题的最优解，支持交通运输的各类规划、设计、管理方案的效果评价。

交通虚拟仿真

交通事故模拟指利用计算机技术在虚拟世界中再现交通事故的发生及发展过程，并在采样数据的支持下进行一定程度的案情分析和推演。交通事故的发生往往在一瞬间，许多细节无从得知。公平、公正、严密地查明交通事故真相，分析事故成因，认定事故责任，在交通事故处理中至关重要，因此利用虚拟现实技术对交通事故进行模拟再现和辅助分析很有必要。

虚拟驾驶系统利用图像生成、交通工具动力学、人机交互等技术，让用户在虚拟驾驶环境中得到接近真实的视觉、听觉和体感的驾驶体验。汽车、火车、飞机、轮船等交通工具的实训条件有限，限制了受训者对复杂状况的认知，但使用虚拟驾驶系统可模拟出各种交通环境和状况，既降低培训成本和实际操作风险，又提高培训效率。

虚拟驾驶

3.11 广告传媒

很多传统的广告传媒公司已将虚拟现实技术应用于新闻传播或专题报道中。《纽约时报》与虚拟现实公司VRSE以及Google合作推出了虚拟现实新闻客户端"NYT VR"。美国广播公司ABC新闻部联手虚拟现实专业技术公司Jaunt，推出了全新的"ABC News VR"服务，它利用虚拟现实技术报道新闻。通过这些应用或服务，用户只需戴上头盔显示器就可以虚拟现实的形式阅读新闻。

虚拟现实应用中的全景视频也被大量应用在新闻报道、媒体直播中。世界第一部虚拟现实纪录片 *Clouds Over Sidra*、中国首部虚拟现实纪录片《山村里的幼儿园》先后发布，Next VR 和 CNN 联合采用全景直播方式报道了美国总统竞选辩论会，王菲演唱会提供了全景直播，春节联欢晚会也专门开辟了全景视频的通道。

虚拟现实纪录片《山村里的幼儿园》

在春节联欢晚会上，李宇春的歌曲表演采用了类似全息投影的技术，舞台上同时出现了4个李宇春，并且有绚丽的光影效果，带给观众不同寻常的体验。这个表演采用的并非真正的全息投影技术，而是通过一种透明反射玻璃对图像进行反射从而使观众产生一种图像显示在空中的错觉。

近年来，出现了一个新的名词"虚拟现实艺术"，它是指以虚拟现实、增强现实等技术

全息投影技术在酒店的应用

作为媒介并对其加以运用的艺术形式。由此可以预见，随着我国创意媒体产业的发展，虚拟现实在创意媒体、艺术表现中会有更广泛的应用。

2014年，社交网络公司Facebook宣布以20亿美金收购生产头盔式显示器的公司Oculus，这使得虚拟现实社交重回人们的记忆。伴随着这波虚拟现实的产业热潮，虚拟现实社交重新焕发生机。2016年4月，在旧金山召开的Facebook开发者大会上，一名报告者头戴头盔式显示器，手持手柄与远在英国伦敦的同事进行了网上虚拟现实社交的现场演示。在演示中报告者与同事可瞬间转换到不同的场景中，并能感知对方的方位、手势，以一种自然的方式进行交互，甚至还能在虚拟世界中合影。

事实上，将虚拟现实技术应用于媒体传播依然处于初级阶段，播放渠道、受众人群十分有限。

在Facebook开发者大会上展示虚拟现实社交系统

3.12 影视制作

虚拟演员（Virtual Actor）又称为虚拟角色、虚拟偶像。广义上它包含两层含义：其一是用计算机技术使已故的演员"起死回生"，重返舞台；其二是完全使用计算机技术塑造演员，如《玩具总动员》中的太空牛仔和《蚁哥正传》中的工蚁Z-4195，它们的档案、肤色、气质、着装、谈吐完

全都是由幕后制作者控制的。

在电影拍摄中利用计算机技术已有多年的历史，美国好莱坞电影公司主要利用计算机技术构造布景，如利用增强式虚拟现实的手法设计出人工不可能实现的布景（如雪崩、泥石流等）。这不仅能节省大量的人力、物力，降低电影的拍摄成本，而且可以给观众创造新奇、古怪和难以想象的环境。例如美国的《星球大战》《E.T.外星人》《侏罗纪公园》等科幻片以及完全用三维计算机动画制作的影片《玩具总动员》，都取得了极大的成功。影片《泰坦尼克号》中就应用了大量的三维动画，用计算机技术模拟了"泰坦尼克号"航行、沉没的全过程。

在电影电视拍摄过程中，经常采用运动捕捉技术，其原理是把真人的动作完全附加到一个三维模型或者角色演员上。例如，先由表演者（如替身演员）穿着特制的表演服装，在其关节部位绑上闪光小球，如肩膀、肘弯和手腕处各绑一个小球，以反映出手臂的运动轨迹。当表演者做动作的时候，使用一套特定的设备通过多个数字摄像头捕捉这些闪光小球的动作，总结出它们运动的规律，然后将这些运动附加给三维模型或角色演员，以实现高难度动作的拍摄。

虚拟现实技术为互动电影提供了具有沉浸性、互动性的观影体验，在进一步增强视觉冲击力和心理冲击力的同时，拓展了叙事形式，使观众可以更好地融入电影的情节发展中。虽然互动电影还存在诸多问题，但随着技术的不断完善，这种电影将迎来更多的发展契机，获得更多观众的青睐。

互动电影以交互式叙事方式呈现影视作品，突破了传统电影叙事结构。在同一部影片的不同故事发展节点，为观众提供不同的选择，观众的选择主导着故事情节的走向，在故事线展示及结局等方面起着决定性作用。互动电影与传统电影相比，具有互动性与参与性，能给观众带来不同于传统电影的观看体验，可实现观众与电影之间、观众与观众之间的互动。国内外火热的互动电影创作多集中在产品领域，目前市面上的互动电影多是电影和产品结合的产物。

虚拟现实技术在互动电影中的应用，不只是单纯地为观众提供故事线的选择，还包括场景、搭档、展示等多方面的选择，让观众有更多的体验，彰显观众的个性，为观众提供更多的发展空间，以发挥其主导作用。

随着虚拟现实技术在影视方面的不断发展，一些线下的虚拟现实影院开始出现。在线下的虚拟现实影院里，观众各自坐在独立的座椅上，佩戴上虚拟现实设备，可

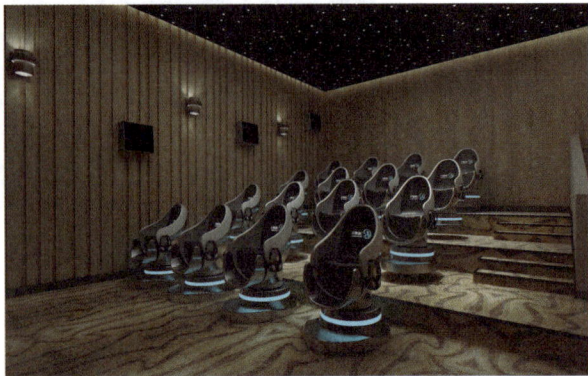

线下的虚拟现实影院

以选择自己喜欢的电影，每个人都拥有不同的体验。

第2篇
虚拟现实产品的设计方法

本篇包括6章内容，主要介绍虚拟现实产品设计与策划的理论及方法，其中包括虚拟现实系统的核心技术、人机交互设计、常用设计理论、产品策划文档撰写、虚拟现实产品分析与评估，以及产品设计开发流程。

4

第4章
虚拟现实系统的核心技术

虚拟现实系统包括虚拟环境、感知、自然技能和传感设备等部分，由计算机生成虚拟环境，在其中用户能够进行视觉、听觉、触觉、嗅觉、味觉等全方位交互。而其中各种技术是支撑虚拟现实系统体验感的核心。

4.1 三维建模

进行虚拟世界建模的目的在于获取实际三维环境的数据，并根据需要，利用获取的三维数据创建相应的虚拟世界模型。只有构建出能准确反映研究对象的模型，虚拟现实系统才有可信度。

虚拟现实系统中的虚拟世界可能有下列几种情况。

- 模仿现实世界中的环境（系统仿真）。
- 设计者主观构造的环境。
- 模仿现实世界中人类不可见的环境（科学可视化）。

一般三维建模主要是指三维视觉建模，三维视觉建模可分为几何建模、物理建模和行为建模，具体介绍如下。

4.1.1 几何建模

几何建模是开发虚拟现实系统过程中最基本、最重要的工作之一。物体的形状由构造物体的多边形、顶点等来确定，物体的外观则由表面纹理、颜色、光照系数等来确定。因此，用于存储虚拟世界中几何物体的模型文件应该提供上述信息。同时，所构建的几何物体还要满足虚拟建模技术的常用指标要求，例如交互式显示能力、交互式操纵能力和易于构造的能力。

➤ 人工的几何建模方法。

利用虚拟现实工具软件进行建模，如OpenGL、Java 3D、VRML等；利用建模软件进行建模，如3ds Max、Maya等。

➤ 自动的几何建模方法（逆向建模）。

采用三维扫描仪对实际物体进行三维扫描；为建模对象实地拍摄两张以上的照片，根据透视学和摄影测量学的原理及建模对象上的关键控制点，创建三维网络模型。

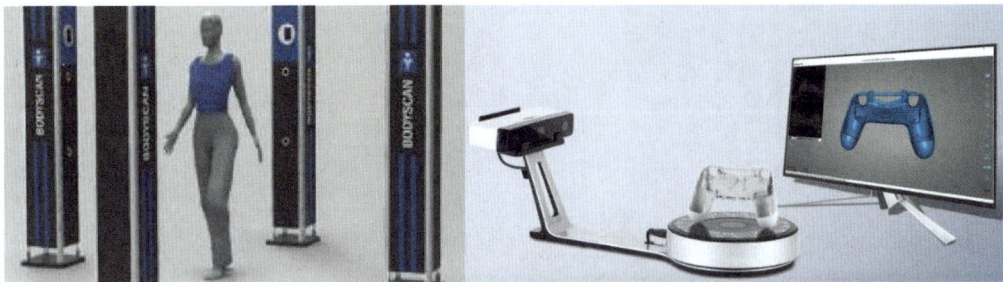

逆向建模

4.1.2 物理建模

物理建模是指为虚拟对象的质量、惯性、表面纹理（光滑或粗糙）、硬度、变形模式等特征进行建模。要进行物理建模，需要配合使用物理学与计算机图形学的相关知识，其中涉及力的问题。分形技术和粒子系统是典型的物理建模应用。

➤ **分形技术。**

分形是指可以描述具有自相似特征的数据集。在虚拟现实系统中分形技术一般用于静态远景的建模，如山川、河流、植物等。理解分形技术物理建模最典型的例子便是蕨类植物，如右图所示的一棵蕨类植物，当我们整体观察它时，它是由很多个分支的叶子组成的；当我们单独观察它的某个分支时会发现，其外观形状与整株植物基本是一样的。分形技术物理建模即自相似结构用于复杂的不规则外形物体的建模技术。如一座大山的模型，当远看时，无需太多细节，只需要整体显示出一个三角形的外观即可，随着距离的不断拉近，三角形面数也在不断增加，凹凸感逐渐显示出来。分形技术的优点是可以通过简单的操作完成复杂的不规则建模，但在实时演算时由于计算量较大的原因，对设备性能要求较高。

蕨类植物

➤ **粒子系统。**

粒子系统用于通过简单的体素完成复杂的运动建模。体素的选取可决定建模系统能构造的对象范围。粒子系统由大量简单体素构成，我们把这些体素称为"粒子"。每个粒子具有位置、速度、颜色和生命期等属性。常使用粒子系统建模的有火、爆炸、烟、水流、火花、落叶、云、雾、雪、尘等。

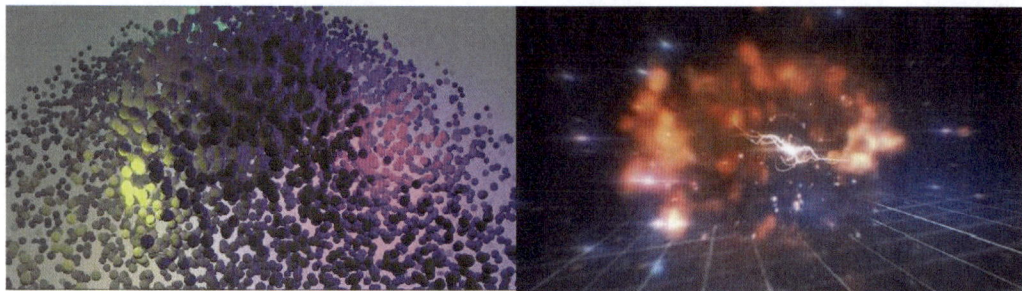

粒子系统建模

4.1.3 行为建模

我们还可以创建与用户输入无关的对象行为模型。简单地说，对象行为模型是指动态对象的活动、变化以及与周围环境和其他动态对象之间的动态关系，不受用户输入的控制（即用户不与其进行交互）。例如，在战场仿真虚拟世界中，直升机螺旋桨不停旋转；在虚拟场景中，当人接近鸟时，鸟会飞远。

虚拟直升机

4.2 立体显示技术

立体显示技术是虚拟现实的关键技术之一，它能使人在虚拟世界里产生很强的沉浸感。目前，立体显示技术主要以立体眼镜等辅助工具让用户观看立体影像。随着人们对观影要求的不断提高，由非裸眼式向裸眼式的技术升级成为立体显示技术发展的重点和趋势。目前比较有代表性的立体显示技术包括双目视差显示技术和全息投影技术。

4.2.1 双目视差显示技术

由于人两眼之间有4~6cm的距离，所以在看物体时两只眼睛中的图像是有差别的，两幅不同的图像一起被输送到大脑后，所形成的就是有景深的图像。双目视差显示技术主要包括以下几种。

> 分色技术。

分色技术的基本原理是让某些颜色的光只进入
左眼，而某些颜色的光只进入右眼。因为人眼是根
据色光三原色（红色、绿色、蓝色）来感知其他颜
色的，所以显示器是通过组合这三种颜色来显示上
亿种颜色的。

3D眼镜

> 分光技术。

分光技术的基本原理是当用户戴上特制的偏光眼镜时，由于左、右两片偏光镜片的偏振轴互相
垂直，并与放映镜头前的偏振轴一致，因此用户的左眼和右眼只能分别看到特定图像，然后通过双
眼的汇聚功能将左、右眼看到的图像叠在视网膜上，由大脑神经产生立体的视觉效果。

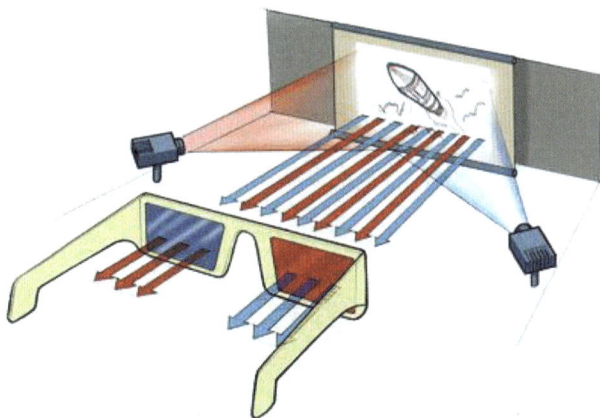

分光技术

> 分时技术。

分时技术的原理是将两种画面在不同的时间播放，显示器在第一次刷新时播放左眼的画面，同
时用专用的眼镜遮住用户的右眼，下一次刷新时播放右眼的画面，并遮住用户的左眼。目前，用于
遮住用户左右眼的眼镜材质通常是液晶板，因此这种眼镜被称为液晶快门眼镜。

> 光栅技术。

光栅技术的原理是在显示器前端加上光栅。光栅的功能是挡光，让用户的左眼透过光栅只能看
到部分画面，右眼也只能看到另一部分的画面，如此就能让用户左右眼看到的不同画面形成立体影
像，此时无须佩戴眼镜。光栅本身可由显示器生成。将两片液晶面板重叠组合形成光栅，当位于前
端的液晶面板显示条纹状黑白画面时，该装置可变成立体显示器；而当前端的液晶面板显示全白的
画面时，该装置不仅可以显示三维影像，还可以正常显示2D影像。

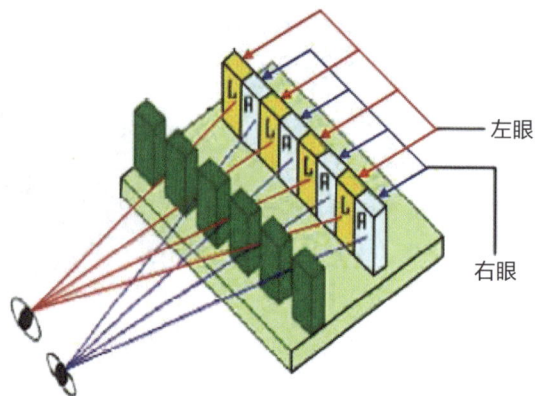

3D光栅技术的原理

4.2.2 全息投影技术

全息图的分辨率超过了人眼的分辨率，它"漂浮"于空中并且具有较广的色域，被认为是三维立体显示的最终解决方案。

全息投影技术使用特殊的屏幕，该屏幕本身透明，但是可以相当清晰地显示投影内容。在光源、图形和观看角度控制得当时，可以出现逼真的立体效果。日本"初音未来"演唱会曾使用这种技术。它的名称中虽然包含"全息"，但实际上投射的是2D影像。

采用全息投影技术的"初音未来"演唱会

4.3 真实感实时绘制技术

虚拟世界是需要实时生成的，因此需要采用真实感实时绘制技术。真实感实时绘制是在当前图形算法和硬件条件限制下提出的在一定时间内完成真实感绘制的技术。真实感包括几何真实感、行为真实感和光照真实感。

真实感绘制是在计算机中重现现实场景的过程，主要用于模拟真实物体的物理属性，即物体的形状、光学性质、表面纹理和粗糙程度，以及物体间的相对位置、遮挡关系等。制作物体表面纹理的常用方法如下。

- **纹理映射**：将纹理图像贴在几何物体的表面，以近似描述物体表面的纹理细节，增强物体的真实感。

- **环境映射**：采用纹理图像来实现物体表面的镜面反射和规则透视效果。

真实感实时绘制技术可以用来降低场景复杂度，包括预测计算、脱机计算、三维剪切、可见消隐、细节

使用次世代建模技术制作的模型

层次模型（指对于虚拟世界中的一个物体，同时创建的几个具有不同细节水平的几何模型）。绘制时，对于场景中不同的物体或物体的不同部分，可采用不同的细节描述方法。

4.4　三维虚拟声音技术

使用三维虚拟声音技术，用户能够在虚拟场景中准确地判断声源的位置。

1. 三维虚拟声音与立体声音的区别

自然界的声音都是立体声音，但如果把这些立体声音进行记录、放大等处理后，通过一个扬声器播放出来，这种重放声音就不是立体声音了。如果在一定程度上恢复原声音的空间感，那么，这种具有一定方位层次等空间分布特性的重放声音，称为音响技术中的立体声音。

立体声音

虚拟环绕声技术也称为非标准环绕声技术。在环绕声的实现上，无论是杜比AC3还是DTS，都

需要多个音箱，但由于价格及空间的限制，有的使用者如多媒体电脑用户，并没有足够的音箱。这时候就需要一种技术，能够把多声道的信号经过处理，在两个平行放置的音箱中回放出来，并且能够让人感受到环绕声的效果，于是产生了虚拟环绕声技术。

2. 三维虚拟声音的产生原理

产生三维虚拟声音的关键是对声音的虚拟化处理，依据生理声学和心理声学原理处理环绕声道，同时应用以下几种人耳的效应。

➤ **双耳效应**。

英国物理学家John William Strutt于1896年发现，人的两只耳朵获取的同一声源的直达声具有时间差、声强差及相位差，而人耳可根据这微小的差别准确判断声音的方向，确定声源的位置。但它只能用于确定水平方向的声源位置，不能用于确定三维空间中的声源位置。

➤ **耳郭效应**。

人的耳郭对声波具有反射作用，并且对空间声源具有定向作用，因此可判断声源在三维空间中的位置。

➤ **人耳的频率滤波效应**。

人耳的声音定位机制与声音频率有关。人耳对20~200Hz的低音靠相位差定位，对300~400Hz的中音靠声强差定位，对高音则靠时间差定位。

人的听觉系统会对不同方位的声音产生不同的频谱，而这一频谱特性可由头部相关传输函数（Head Related Transfer Function，HRTF）来描述。

人耳的空间定位包括前后、左右、上下3个维度。水平定位主要靠双耳，垂直定位主要靠耳郭，而前后定位主要靠HRTF。

4.5 人机交互技术

在计算机系统提供的虚拟空间中，人可以使用眼睛、耳朵、皮肤、手势和语音等直接与之进行交互。在虚拟现实领域中较常用的交互技术主要有手势识别、面部表情识别、眼动跟踪及语音识别等。

4.5.1 人机交互技术的主要功能、特征及要实现的细分目标

1. 人机交互技术的主要功能

● 识别交互对象，知道在与谁交互。可以通过视觉、听觉、体态等互动方式输入计算机，与虚拟内容进行自然互动，如微软推出的深度摄像头产品——Kinect。

● 理解对话的内容，并做出相应的反馈。这主要由听觉通道获取信息，但由于语言本身是双模态的，由视觉通道获取唇动信息及表情信息对某些语音识别是非常重要的。

- 理解交互对象的肢体动作。这主要通过视觉影像设备获取用户的固定手势和身体姿势影像，通过算法分析所设定好的模板代表的含义，本质上属于图像相似性识别的范畴。在此基础上，结合文字或语音的上下文对话，则可以极大提高计算机对用户手势和体势识别的准确性。

- 理解交互对象的情感状态，以便更好地理解交互对象的说话内容、思想、意图。这主要通过对交互对象的面部表情和语音语调的识别来实现。

- 能对交互对象进行定位和跟踪，如注视对方，在多人对话时，还会区分说话者。

2. 人机交互技术的特征

- 在交互方式上，输入/输出通常是多模态的。

- 在交互内容上，不仅包括表达语义还包括表达情感。

- 在交互界面上，采用智能代理界面，以完成人机的多模态交互，且界面是开放、协调、分布式和人性化的。

- 在交互环境上，能营造逼真的二维、三维虚拟世界，使人机交互和人人交互类似，达到自然和谐。

3. 要实现的细分目标

为了实现人机自然交互，要让计算机具有与人的视觉、听觉、触觉和嗅觉等相似的功能，具有学习、记忆及情感等认知能力，还要具有说话、书写、绘画等表达能力，甚至具有本体感觉和自我意识。

4.5.2　手势识别技术

手势识别技术根据输入设备来分类主要分为基于数据手套的识别系统和基于视觉（图像）的识别系统两种。基于数据手套的手势识别系统利用数据手套和位置跟踪器来捕捉手在空间中运动的轨迹和时序信息，对较复杂的手势进行检测。基于视觉的识别系统从视觉通道获得信号，通常采用摄像机采集手势信息。

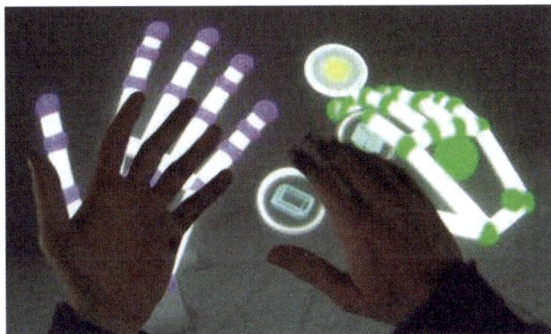

手势识别技术

4.5.3　面部表情识别技术

面部识别可以描述为从给定的一幅静止图像或一段动态图像序列中分割、提取并确认可能存在的人脸，如果检测到人脸，则提取人脸特征。人脸检测的基本思想是创建人脸模型，比较所有可能的待检测区域与人脸模型的匹配程度，从而得到可能存在人脸的区域。根据对人脸信息检测方式的不同，可以将人脸检测方法分为两大类：基于特征的人脸检测方法和基于图像的人脸检测方法。

- 基于特征的人脸检测方法直接利用人脸信息，例如肤色、人脸的几何结构等，检测规则包括轮廓规则，器官分布规则，肤色、纹理规则，对称性规则和运动规则。
- 基于图像的人脸检测方法包括神经网络方法、特征脸方法和模板匹配方法。

4.5.4　眼动跟踪技术

眼动跟踪技术的基本原理是利用图像处理技术，使用能锁定眼睛的特殊摄像机，通过拍摄从人的眼角膜和瞳孔反射的红外线连续地记录视线变化，从而达到记录、分析视线的目的。眼动跟踪技术使用凝视来完成与计算机的交互。

与动物眼睛相比，人类眼睛的眼白更加明显，因此计算机可以更好地识别凝视，并且凝视交互没有物理接触，是一种非常卫生的交互方式。没有碰触，相关设备也不需要清洗。

下面介绍一下凝视交互的3种方式。

第一种也是最明显的方式是关注眼球的方向。这类似于鼠标的指向，但精度不高。当眼球上下左右转动时，可以同步鼠标在电脑桌面上的位置移动，摄像设备捕捉眼光定位到一张照片上，通过计算确定当前位置坐标。

第二种是使用凝视姿势。凝视时，瞳孔、角膜、虹膜均呈现自有的特点，利用这些数据信息可以形成一套交互方式的标准对比库，用于比较计算机采集的人类眼部照片。

第三种是把眼睛的动作作为情景信息。在这里，眼睛的动作不会触发有目的的指令，但是系统会观察和分析眼睛动作，从而实现凝视交互。

4.5.5　语音识别技术

语音识别技术也被称为自动语音识别（Automatic Speech Recognition，ASR）技术，是将人的语音信号转换为可被计算机程序识别的文字信息（例如按键、二进制编码或者字符序列），从而识别说话者的语音指令及内容的技术，包括参数提取、参考模式建立和模式识别等过程。语音技术在虚拟现实中的关键应用是语音识别技术和语音合成技术。

语音交互的优势很明显，简单、直接、学习成本低。在日常生活中，语言是人与人交流的最常用和最直接的方式之一。自然语言对话式的交互，即使是老人和小孩也可以轻松实现。用户可以"无感"地唤醒设备，"无缝"地获取信息、给予指令，因此自然语言对话式的交互是最好的智能设备交互方式之一。

在多数情况下，通过计算机装置的声控界面可进行简单、自然的人机互动。例如，通过一句简单的语言命令"播放［歌名］这首歌"，就能让计算机装置迅速地从服务器存储的许多歌曲中挑选并播放相应歌曲。用传统的界面完成这种任务需要浏览大量的命令窗口，输入文本以及按许多按键，然而通过语音命令则会更简洁、更迅速，只要设备能够准确地理解并处理语音命令和指示即可。

1. 语音识别方法

在训练阶段，将词汇表中的每一个词依次说一遍，并且将其特征矢量作为模板存入模板库；在识别阶段，将输入语音的特征矢量依次与模板库中的每个模板进行相似度比较，将相似度最高者作为识别结果输出。

2. 语音识别技术常用的方法

- **基于语言学和声学的方法**。基于语言学和声学的方法是最早应用于语音识别的方法，但是这种方法涉及的知识太过复杂，现在并没有得到普及。

- **随机模型法**。随机模型法目前较成熟，主要采用提取特征、训练模板、对模板进行分类及对模板进行判断的步骤来对语音进行识别。

- **利用人工神经网络的方法**。利用人工神经网络的方法是在语音识别发展的后期才有的一种新识别方法。它其实是一种模拟人类神经活动的方法，同时模拟人的一些特性，如自动适应和自主学习。其较强的归类能力和映射能力在语音识别技术中具有很高的利用价值。

- **概率语法分析法**。概率语法分析法是一种能够识别长语段的方法，主要用于区别语言的特征。这种方法最大的一个不足是建立一个有效、适宜的知识系统存在一定的困难。

3. 语音识别的主要问题

- 对自然语言的识别和理解较困难。
- 语音信息量大。
- 语音的模糊性。
- 单个字母或词、字的语音特性受上下文的影响，能改变重音、音调、音量和发音速度等。
- 环境噪声和干扰对语音识别有严重影响，致使识别率低。

4.5.6 体感技术

体感技术也可称为动作识别，例如微软和索尼推出的体感辅助设备Kinect和PS Move、任天堂的Wii就是以体感技术进行控制的产品。

从键盘到鼠标，再到语音和触摸，然后到多点触控，人机交互模式随着使用人群的扩大和不断向非专业人群的渗透，逐渐回归"自然"。而体感技术让人机交互方式更便捷，以一种原始的方式进行互动。

通过体感技术，人们可以很直接地使用肢体动作，与虚拟现实装置或环境互动，而无须使用任何复杂的控制设备。依照体感方式与原理的不同，体感技术主要可分为3大类：惯性感测、光学感测及联合感测。

Kinect体感辅助设备

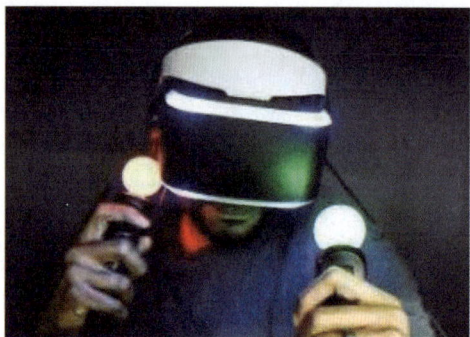

PS Move

1. 惯性感测

惯性感测主要以惯性传感器为主，例如用重力传感器、陀螺仪及磁传感器等来检测用户肢体动作的物理参数（如加速度、角速度及磁场），再根据这些物理参数求得用户在空间中做的各种动作。

2. 光学感测

光学感测的主要代表厂商为索尼及微软。早在2005年前，索尼便推出光学感应套件——EyeToy，它主要通过光学传感器获取人体影像，再将人体影像的肢体动作与产品中的内容互动，人体影像主要以2D为主，内容也较简易。

3. 联合感测

联合感测的主要代表厂商为任天堂及索尼。2006年任天堂推出的Wii，主要是在手柄上放置一个重力传感器（用来检测手部三

EyeToy

轴向的加速度），以及一个红外线传感器（用来感应电视屏幕前方的红外线发射器的信号），主要可用来检测用户手部在垂直及水平方向上的位移，从而操控空间鼠标。这样的配置往往只能检测一些较简单的动作，因此任天堂在2009年推出了Wii的加强版——Wii Motion Plus，主要在原有的Wii手柄上插入一个三轴陀螺仪，如此一来便可更精确地检测人体的动作，强化用户在体感方面的体验。

2010年索尼推出手柄Move，其主要配置包含一个手柄及一个摄像头，手柄包含重力传感器、陀螺仪及磁传感器，摄像头用于捕捉人体影像，结合这两个传感器，便可检测人体手部在空间中的移动。

4.5.7 脑机接口技术

脑机接口（Brain Computer Interface，BCI）有时也称作"大脑端口"或者"脑机融合感知"，它是在人脑或动物脑（或者脑细胞的培养物）与外部设备间建立的直接连接通路。

在使用单向脑机接口的情况下，计算机或者接收脑传来的命令，或者发送信号到脑，但不能同时发送和接收信号。而双向脑机接口允许脑和外部设备间进行双向信息交换。包括尤迈（Emotiv）和神念科技（Neurosky）在内的多家公司已开始研发低成本的脑机接口。

4.5.8 多模态输入技术

采用不同形式的输入组合（例如语音、手势、触摸和凝视）的交互被称为多模态交互模式。其目标是向用户提供与计算机进行交互的多种方式，以提供自然的用户体验。这些方式可以帮助简化界面，以便在使用识别技术时能有稳定的输入，以及支持逼真的交互场景。从理论角度看，多模态界面以协调的方式处理两个或多个输入模式，其目的是识别人类语言和行为，一般使用一个以上的识别技术。

随着更强大的感知计算技术的出现，多模态界面因为可以被动地感知用户正在做的事情而变得更加突出。这些界面也被称为感知用户界面。

相比传统的单一界面，多模态界面可以提供给用户更丰富的交互集。输入模态的组合可以分为6种基本类型：互补型、重复型、等价型、专业型、并发型及转化型。

- **互补型**。当两个或多个输入模态联合发出一个命令时，它们会起到互补的作用。例如，为了实例化一个虚拟对象，用户做出指示手势，然后说话。此时手势提供了在哪里放置对象的信息，而语音命令则提供了放置什么类型的对象的信息。

- **重复型**。当两个或多个输入模态同时向某个应用程序发送信息时，它们的输入模态是冗余的。让每个模态发出相同的命令，相同表意的信息可以帮助解决识别错误的问题，并有助于计算机系统获取更多信息，以提高执行操作结果的准确性。例如，用户发出一个语音命令来创建一个可视化工具，同时也做一个手势表示创建该工具。当提供多于一个的输入流时，系统能更好地识别用户的预期行为。

- **等价型**。两个或多个输入模态是等价的。例如用户可以通过发出一个语音命令，或从一个虚拟的调色板中选择对象来创建一个虚拟对象。这两种模态呈现的是等效的交互，最终的结果是相同的。用户可以根据自己的偏好来选择需要的方式。

- **专业型**。当某一个模态总是用于完成一个特定的任务时它就成了专业的模态，因为它是比较适合该任务的。例如，用户希望在虚拟世界中创建和放置一个对象，要完成这个特定的任务，通常是做一个指向的手势以确定物体的位置，因为使用语音命令无法实现对象放置任务的特定性。

- **并发型**。当两个或者两个以上的输入模态在同一时间发出不同的命令时，它们是并发的。例如，用户在虚拟环境中用手势来导航，与此同时，使用语音命令在该虚拟环境中询问某一问题。并发型的输入模态组合让用户可以发出并行指令。

- **转化型**。当两个输入模态分别从对方获取到信息时就会将信息转化，并使用此信息来完成一个给定的任务。例如，在多模态交互的一键通话界面里，语音模态从一个手势动作获得信息，告诉它应激活通话。

4.5.9 实体交互技术

实体交互是指用户通过物理实体和物理环境，与数字信息进行交流互动；或者是将数字信息附着在物理实体上，使其可通过计算机的语言和一些实体装置直接被操作和感知。其承载的操作界面称作实体交互界面（Tangible User Interface）。最初实体交互界面也称为可触实体界面（Graspable User Interface）。美国麻省理工学院媒体实验室的石井裕教授是最早进行实体交互界面研究的学者之一。

实体交互使得我们能通过切切实实的行为操控产品，这并不是否定技术，反而需要利用技术，让科技隐形，以一种更加本能与自然的操作模式来实现。

实体交互界面

4.6 碰撞检测技术

碰撞检测技术经常用来检测对象甲是否与对象乙相互作用。为了保证虚拟世界的逼真性，虚拟现实系统应该能够及时检测出碰撞，产生相应的碰撞反应，并及时更新场景输出，否则就会发生穿透现象。

虚拟现实场景的碰撞检测

为了保证虚拟世界的逼真性，碰撞检测要有较强的实时性和精确性。在实时性方面，基于视觉显示的要求，碰撞检测的刷新频率一般至少要达到24Hz；而基于触觉要求，碰撞检测的刷新频率至少要到30Hz才能维持触觉交互系统的稳定性，只有达到1000Hz才能获得平滑的效果。精确性的要求取决于虚拟现实系统在实际应用中的要求。

5

人机交互设计

在学习了虚拟现实系统的核心技术之后不难发现，虚拟现实产品设计的核心在于人机交互。本章主要介绍人机交互的发展史，以及常用的人机交互方法、设计准则和界面设计。

5.1 人机交互的发展史

人机交互的发展史经历了以下几个阶段。

1. 早期的手工作业阶段

此阶段人机交互的特点是采用手动操作和二进制机器代码的方法来适应现在看来十分笨拙的计算机。

1946年第一台通用电子计算机ENIAC

2. 作业控制语言及交互命令语言阶段

这一阶段人机交互的特点是计算机的主要使用者——程序员可采用批处理作业控制语言或交互命令语言的方式和计算机打交道，虽然要记许多命令，但也可用较方便的手段来调试程序，了解计算机中命令的执行情况。

早期的计算机

3. 图形用户界面阶段

图形用户界面（Graphical User Interface，GUI）的主要特点是直接操纵和"所见即所得"。GUI简明易学，即使是不懂计算机的普通用户也可以熟练地使用，开拓了用户群体。它的出现使信息产业得到空前的发展。

以超文本标记语言（Hyper Text Markup Language，HTML）及超文本传输协议（Hyper Text Transfer Protocal，HTTP）为基础的网络浏览器是网络用户界面的代表。这类人机交互技术的特点是发展快，新的工具不断出现，如搜索引擎、多媒体动画、聊天工具等。

20世纪80年代的计算机

20世纪90年代具有网络功能的计算机

以虚拟现实为代表的计算机系统的拟人化和以平板电脑、智能手机等为代表的计算机的微型化、随身化、嵌入化，是当前计算机的两个重要发展方向。利用人的多种感觉和动作，以并行、非精确的方式在（可见或不可见的）计算机环境中进行交互，可以增强人机交互的自然性和高效性。

智能手机、智能手表、谷歌眼镜

5.2 人机交互方法

人机交互方法即人机交互的输入模式，主要包括请求模式、采样模式、事件模式。

5.2.1 请求模式

在请求模式下，输入设备的启动是在应用程序中进行的，在应用程序执行过程中，若需要输入数据，则暂停应用程序的执行，在从输入设备接收到请求的输入数据后，继续执行应用程序，如右图所示。

日常生活中的大部分人机交互都是请求模式下的。例如在玩游戏的时候，当游戏加载完成后，若需要用户进行输入操作，游戏便会暂停运行，等待用户按动手柄或进行其他输入操作，当游戏接收到输入信息后，会触发相应的动作，如角色跳跃或移动等。使用同样的人机交互方法的还有娃娃机、ATM等。

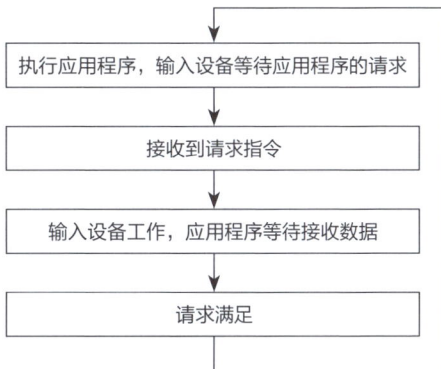

执行应用程序，输入设备等待应用程序的请求

接收到请求指令

输入设备工作，应用程序等待接收数据

请求满足

请求模式下的执行链路

娃娃机

5.2.2 采样模式

在采样模式下，输入设备和应用程序独立地工作，输入设备连续不断地输入信息，信息的输入不受应用程序中输入命令的影响。在应用程序处理其他数据的同时，输入设备也在工作，新的输入数据替换以前的输入数据，当应用程序接收到数据采样命令时，读取当前保存的输入数据，如右图所示。

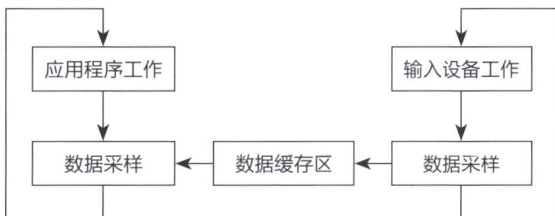

应用程序工作　　　　　　　　输入设备工作

数据采样　←　数据缓存区　←　数据采样

采样模式下的执行链路

这种模式适用于连续的信息流输入，便于同时处理多个输入设备的输入数据，其缺点是当应用程序处理输入数据的时间较长时，可能会丢失某些输入数据。如停车场管理系统，管理员将车辆信

息录入系统，当已录入信息的车辆需要进入停车场时，通过监控进行一次数据采样，确定其在系统的数据库中后，允许该车辆自由进入。但未录入信息的车辆要进入停车场时，起落杆则不会抬起。管理员可以录入新的信息更新数据库。

停车场入口

5.2.3 事件模式

在事件模式下，输入设备和应用程序并行工作，输入设备把数据保存到一个输入队列中（也称为事件队列），数据不会遗失，应用程序随时可以检查这个队列，处理其中的数据。

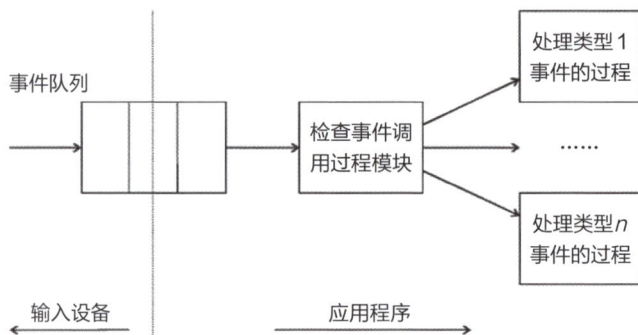

事件模式下的执行链路

例如目前的物流机器人（见下页图），快递信息作为输入数据与物流机器人的应用程序并行但互不干扰，快递信息构成一个独立的输入队列，物流机器人逐一处理这些快递信息。

物流机器人

5.3 人机交互设计准则

1. 可视性

人机交互的可视性越好，用户越清楚接下来该做什么。例如，目前传感器在生活中的使用已经很普遍，如感应水龙头（见下图）。但它没有明显的开关按钮，很多人不知道如何使用。

感应水龙头

2. 反馈

反馈是与可视性相关的概念。通过反馈的内容可以知道已经做了什么动作和已经完成的事情，以便用户能够继续这个活动。各种反馈可用于设计听觉、触觉、视觉、语言和它们的组合的交互方式和交互作用，其关键是决定哪种组合适合不同类型的活动和交互作用。以正确的方式使用反馈可以增强交互的可视性。

3. 约束

约束用于在特定时刻限制用户的交互类型，可以采用各种各样的方法来实现约束。在图形用户界面中，约束的一个常规设计是把菜单选项设置为灰色来使其无效。

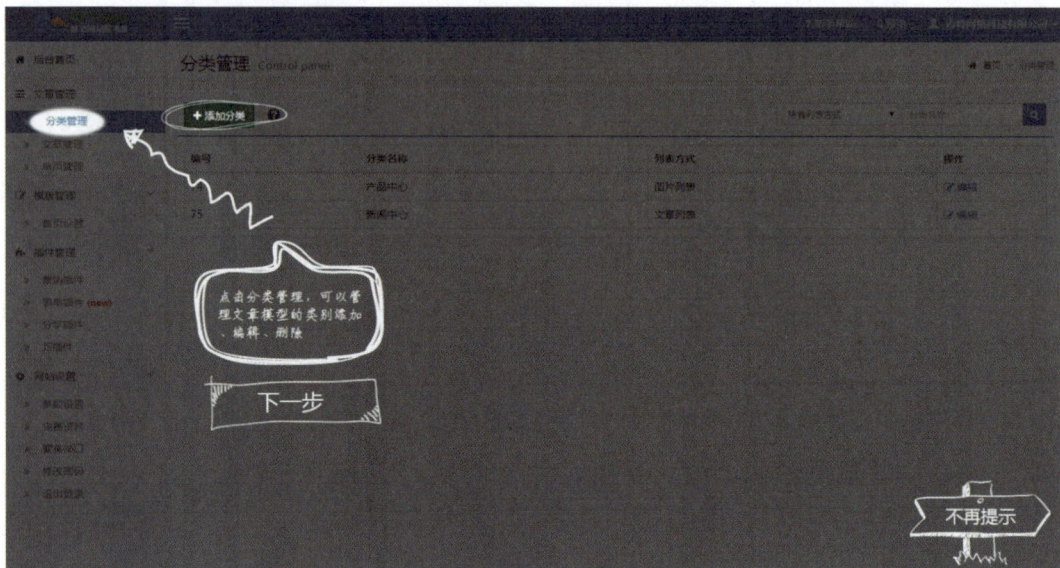

约束的应用

4. 一致性

一致性是指设计界面有相似的操作模式和相似的元素，以便实现类似的任务。例如，在游戏中通常用W、A、S、D键控制角色的前、左、后、右移动，用Space键控制角色的跳跃。一致性界面的好处是更易于学习和使用，用户只需学习单个操作模式。

5. 可供性

可供性即对象如何被使用的属性。当物理对象的可供性很强时，与其交互就很容易。例如，门把手暗指"拉"或"推"，咖啡杯的把手暗指"拿"，鼠标的按键暗指"按"。

键盘

门把手、咖啡杯、鼠标

可供性在人机交互设计中的应用很广泛，例如按钮、图标、链接和滚动条之类的图形元素在设计时都要考虑如何使它们的使用方法更加明显：图标和按钮的设计应该暗指单击，滚动条的设计应该暗指上下滚动。

游戏按钮

5.4　人机交互界面设计

5.4.1　界面设计的含义

用户界面（User Interface，UI）是人与机器之间传递和交换信息的媒介，包括硬件界面和软件界面。界面设计是计算机科学与心理学、设计艺术学、认知科学和人机工程学的交叉研究领域。近年来，由于信息技术与计算机技术的迅速发展，人机交互界面设计和开发成为国际计算机界和设计界最活跃的研究方向之一。

硬件界面

软件界面

界面设计是指对软件的人机交互、操作逻辑等进行整体设计。好的界面设计不仅能让软件变得有个性、有品位，还能让软件的操作变得简单。

研究用户需求是界面设计的重要内容。不同用户对界面有着不同的需求，同样，界面的设计元素对用户行为也会产生很大影响。好的交互性已经成为界面设计追求的目标，全面了解用户的特征及多元化的要求是十分必要的。

老年手机、儿童手表、盲人手机

5.4.2　界面设计的分类

界面设计根据功能分为3种。

- **以功能实现为基础的界面设计**。交互界面基本的性能是功能性与使用性，通过界面设计，让用户明白作品的功能操作，并将作品本身的信息更加顺畅地传递给用户，但由于用户的知识水平和文化背景具有差异，因此界面应国际化、客观化地体现作品本身的信息。如我们生活中常见的电热水壶，其按钮设计简易，仅有开关两个功能，启动后红色的指示灯会亮起。该设计按照其功能需求设计，简约直接，即使完全没有看说明书的用户也可以直接使用。

- **以情感表达为重点的界面设计**。通过界面给用户传递情感，是设计的魅力所在。因此，我们更加强调的是用户在接触作品时的情感体验。

电热水壶

儿童对话机器人

- **以环境因素为前提的界面设计**。任何一个人机交互作品都无法脱离环境而存在，周边环境对作品的信息传递有着特殊的影响，因此营造界面的环境氛围是一项不可忽视的设计工作。

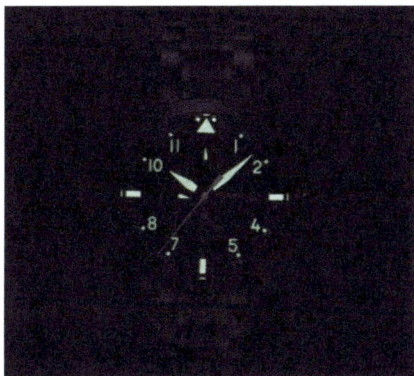

夜光手表

5.4.3 界面类型设计

1. 基于命令的界面

早期的人机交互方式要求用户输入计算机的是典型的缩写命令，计算机屏幕会根据输入的命令显示相应的系统提示符（例如利用键盘列出当前的文件）；也可以依靠组合键（例如Shift+Alt+Ctrl组合键）来执行命令。有些命令基于键盘的固定按键，例如删除、输入和撤销，用户可以为特定命令设置对应的功能按键（例如利用F11键打印）。目前，命令行界面相比图形用户界面用得较少。但命令

早期依靠输入命令进行控制的计算机

行界面有它自己的优点，例如，当用户发现通过键盘上的组合快捷键来执行命令时，远比基于菜单系统的操作速度更快，3D作图软件Maya和AutoCAD就具有大量的组合式快捷键以帮助用户提高工作效率。

2. WIMP

WIMP（Window、Icon、Menu、Pointer）包括以下几个部分。

- **窗口（Window）**：可进行滚动、拉伸、重叠、打开、关闭等操作。
- **图标（Icon）**：单击它时可打开或激活应用程序、对象、命令和工具。
- **菜单（Menu）**：提供可以滚动浏览并且选择的选项。
- **指针（Pointer）**：可用于控制窗口、菜单和图标。

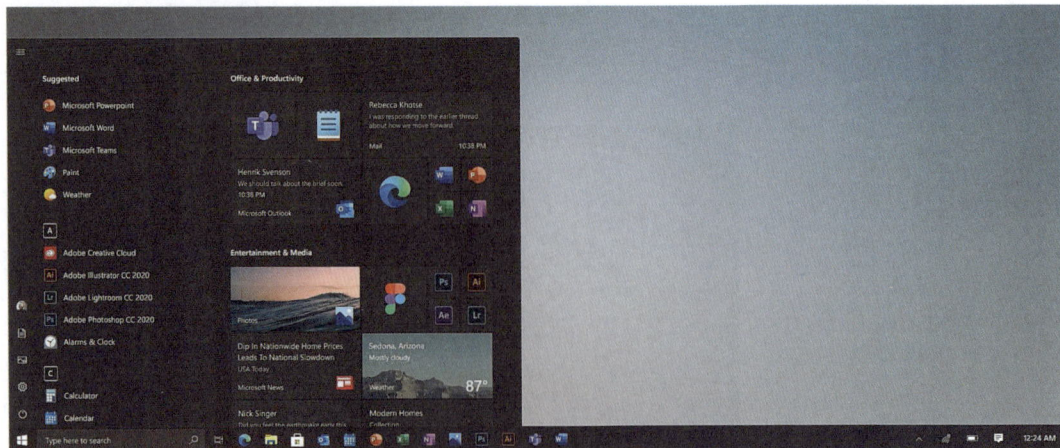

Windows 10 的界面

WIMP的基本构建单元仍然是现代GUI的一部分，现在存在许多不同类型的图标和菜单，包括音频图标和音频菜单、3D动画图标和基于2D图标的菜单。除此之外，Windows也大大扩展了WIMP的使用方式和用途，例如，各种对话框、交互式菜单和反馈（错误）消息框已经变得普遍。

3. 多媒体界面

多媒体界面中包含不同的媒体文件，如图形、文本、视频、声音和动画，并将它们与各种形式的交互相连接。它不同于以前的媒体组合形式，因为不同的媒体是交互式的。用户可以单击出现在屏幕上的图像、文本中的热点或链接，从而执行某个命令，例如播放动画或视频。

多媒体界面的显著特征是增强了快速访问多种信息的能力。多媒体界面设计的关键是如何设计多媒体，以帮助用户探索、跟踪和整合界面提供的多重信息。界面设计中的解决方法是根据用户完成任务、解决问题、探索主题的需求进行交互设计的。

典型的多媒体界面

4. 信息可视化

信息可视化是指计算机通过复杂数据生成图形，这些图形通常具有交互性且是动态的，有助于从中发现信息并做出决策。很多专家通过信息可视化能够理解大量动态变化的数据或信息，例如卫星图像或研究结果。

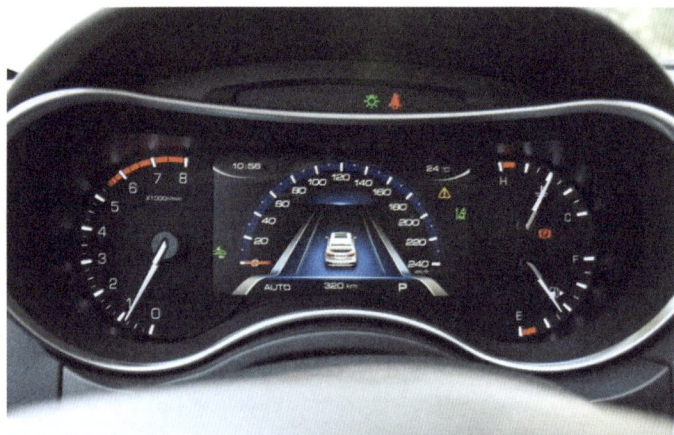

汽车仪表盘

5. 网站

早期的网站主要基于文本，包含跳转到不同部分或页面的文本超链接，以使用户能够轻松、快速地访问网络。

设计网页时，需要首先考虑页面的加载问题，如果用户需要等待很长时间才能打开页面，他们可能会失去耐心而转移到其他网站。另外，网页的视觉设计被视为首要任务，目标是首次打开时，使其与众不同、引人注目和令人愉快，并且用户们在返回时容易识别。

随着平板电脑和智能手机的普及，越来越多的人通过使用手指滚动或滑动（而不是使用鼠标）屏幕来查看在线内容。相比标准的桌面界面，手指仅能提供敲击、按压等操作，这就需要一种新的交互风格。

6. 电子产品

电子产品包括用于家庭、公共场所的机器，例如洗衣机、DVD 播放器、自动售货机、遥控器、复印机、打印机、MP3、数字时钟和数码相机等。

平板电脑

常见电子产品

大多数人都希望使用电子产品在短时间内完成某些具体的事情，例如，使用洗衣机洗衣服，而他们不太可能有兴趣花时间查阅说明书以了解如何使用它们。因此电子产品的交互界面为瞬态界面，其交互时间较短。

电子产品的状态信息（例如复印机正在做什么）应该以非常简单的形式呈现在界面的显著位置。

7. 移动设备

移动设备的使用已经变得很普遍，人们在日常生活和工作的各个方面越来越多地使用移动设备。移动设备不仅是达成交易的重要商业工具，而且是促进情感交流的重要工具。

8. 语音用户界面

语音用户界面常用于查询特定信息（例如航班时间）或执行交易（例如购买机票或者为手机账户充值）。它是一种基于对话交互类型的自然语言交互形式。许多基于语音的应用被很多公司或商场使用，如语音机器人（见下图）。

语音机器人

6

第6章
常用设计理论

本章主要讲解虚拟现实产品设计过程中常用的设计理论。

6.1 虚拟现实镜头设计

虚拟现实电影具有较强的临场感和逼真性，但其与传统电影相比，存在着巨大的差异。由于传统的镜头理论和叙事方法难以直接挪用到虚拟现实电影的制作中，因此，沉浸式虚拟现实电影的镜头叙事发展出一个全新的艺术体系、一套独有的叙事方法。

6.1.1 虚拟现实电影的镜头

传统电影的镜头按照画幅和取景的不同，一般分为远景、全景、中景、近景、特写等类别。不过，在虚拟现实电影中，图像没有边界，因此以上镜头理论也不再适用。虚拟现实电影的镜头初步分为固定镜头、运动镜头和自主镜头这3个类别。

固定镜头是指全景摄影机的位置固定，不采用任何追摇移的方式拍摄的镜头形式。由于固定镜头与观众的观影方式类似，因此较少让观众产生眩晕或错位等不适感。不过，由于场景单一，固定镜头在叙事上存在局限性，需要借助丰富的现场表演或场景切换来完成叙事。

运动镜头是指全景摄影机在运动过程中进行拍摄的镜头形式。它类似于传统的长镜头，可以一镜到底地讲述完整的故事。例如在虚拟现实短片《救命》中，摄影机从空中开始拍摄，追随陨石降落至街道，再跟随怪兽进入地铁，最后随着慌乱的人群回到地面，所有场景均在运动过程中拍摄，一气呵成。

虚拟现实短片《救命》截图

自主镜头则是将摄影机彻底交给观众控制的一种镜头形式。在使用这种镜头形式时，观众可采用手柄或者位置追踪设备等，自主控制摄影机的移动、推拉和摇转，进行第一人称视角的拍摄。

6.1.2　虚拟现实电影的视觉引导范式

● **基于图像的视觉引导**。此类引导是指画面中的景物没有明显的运动，仅基于静态的明度对比、色彩对比、形体轮廓和图底关系来引导观众视线。

● **基于运动的视觉引导**。此类引导的效果十分显著，是虚拟现实电影最常用的一种视觉引导范式。因为一般来说，人类倾向于注意运动的物体。

● **基于人物的视觉引导**。当场景中有人物和景物时，观众总是倾向于关注人物而非景物。如果场景中存在多个人物，观众则倾向于关注其中最突出的一个。除此之外，人物的视线也会影响观众的注意力，观众会不自觉地沿着人物的视线方向去看。

● **基于声音的视觉引导**。在虚拟现实电影的镜头设计中，声音能够以环绕立体声的方式播放，表现出纵深感、临场感和空间感。在立体声场中，观众不仅能够听到来自前、后、左、右的声音，而且会产生一种被声场环绕的感受。因此，可以利用这一特性，在特定方位播放短暂或持续的音效，从而引导观众转移注意力，寻找声源并切换视角。

6.2　基于沉浸性提升的设计原则

在设计和制作虚拟现实项目时，并非一定要选择最先进的技术，而是要借助技术更好地表现项目的内容，使用户能够处于高度沉浸的状态。为此在设计时，需要充分发挥虚拟现实技术的生理沉浸式传播能力。

6.2.1　艺术作品的沉浸性

创作者们通过艺术作品塑造另一个世界，它可以具备和现实世界不同的历史、法则等。当人们进入高度的沉浸状态时，容易忽略对部分物体的关注，例如在刚进入电影院观影时，观众能够注意到其他的观众、座椅、灯光、声音、荧幕等，但随着对影片剧情的关注，观众会忽略现实世界中影

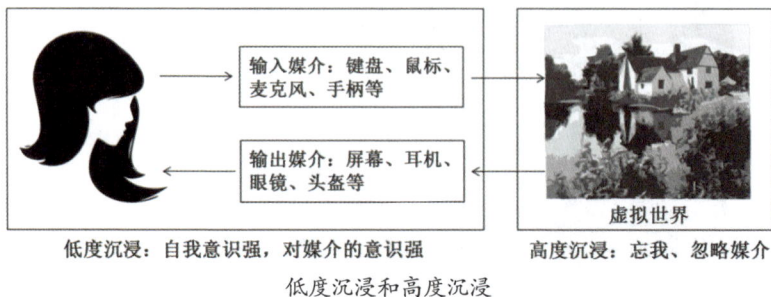

输入媒介：键盘、鼠标、麦克风、手柄等

输出媒介：屏幕、耳机、眼镜、头盔等

虚拟世界

低度沉浸：自我意识强，对媒介的意识强　　　高度沉浸：忘我、忽略媒介

低度沉浸和高度沉浸

院的种种设施，而将自己代入剧情中，即俗称的"忘我"。

6.2.2　生理沉浸与心理沉浸

在学习游泳时，将身体浸入泳池中，这便是生理沉浸。我们能完全沉浸于真实空间中，因为我们捕捉的信号完全来自真实空间。当我们进入一个声音、温度、气味等与我们日常所处空间截然不同的场所时，我们会迅速意识到自己进入了另一个空间中。

生理沉浸强调感官层面上的世界，心理沉浸则强调情感层面上的世界。我们可同时处于这两种沉浸状态，例如当我们正处于对某个艺术作品的欣赏状态时，虽然在生理层面上，我们沉浸于真实空间，然而在精神层面上，我们已经进入另一个世界，关注艺术作品的内容与自身的情感变化。

高度的生理沉浸有助于用户更好地进入心理沉浸的状态。以观看电影为例，从二维电影到巨幕电影、三维电影、四维电影，媒介逐步改变，这使得观众能够实现生理层面的高度沉浸，有助于对故事情节的理解和认同，从而为观众的心理沉浸起到促进作用。

6.2.3　虚拟视点的合理性

在真实生活中，我们的视点即自己双眼的位置。在使用产品引擎进行虚拟现实项目的开发时，每个虚拟场景都会默认包含一个摄像机，这个摄像机即虚拟视点，每个虚拟场景均通过该摄像机显现给屏幕前的观众。

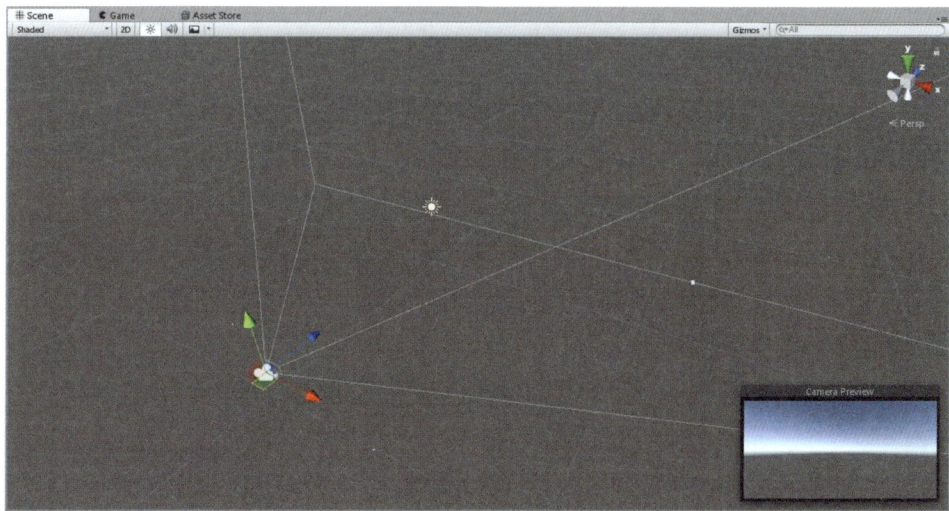

Unity 中的虚拟摄像机

在真实生活中，人们能够通过自己的位置和姿势，想象在当前的状态下，自己将会看到何种景象。在虚拟世界中，设计者可以为用户创建和现实世界截然不同的视点，例如昆虫的视点、飞鸟的视点等。在艺术作品中，独特的视点能成为吸引用户的重要因素。

在虚拟现实中模拟鸟的视点

在使用虚拟现实设备时，虽然用户接收的视觉信号全部来自虚拟世界，但他们预期接收的这些视觉信号和他们在现实世界中的位置和姿势是紧密相关的。例如，当用户站立于房间中，他们的预期是自己的眼睛到地面的垂直距离接近于自己的身高；当用户俯卧于某个支撑平台上，他们的预期则是自己的眼睛与支撑平台的距离接近自己身体的厚度。

如果在虚拟世界中，用户的视点和现实世界存在差异，那么用户根据其自身的身体姿势并基于长期的生活经验产生的视觉信号预期不能够与此时此刻其双眼接收的视觉信号匹配，这就会影响用户的沉浸感。例如，当用户站立在房间中，而在虚拟世界中，用户却处于昆虫的视点，与地面保持着十分近的距离，此时用户根据站立的姿势和通过头盔观察到的贴近于地面的影像。但在物理世界中，用户身体的实际感知却穿透了虚拟场景的地面。

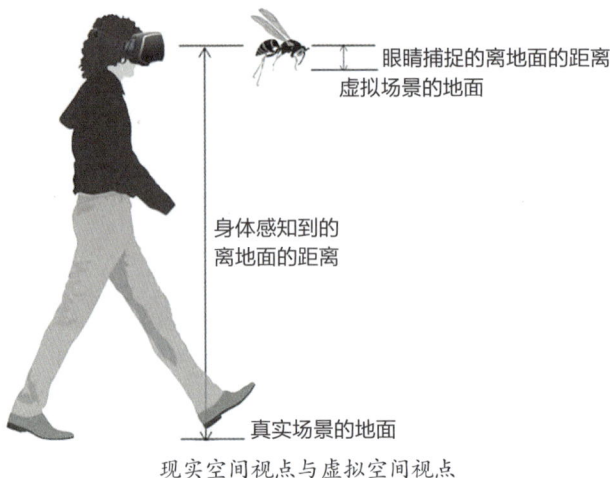

现实空间视点与虚拟空间视点

6.2.4 身体惯性与虚拟运动的匹配性

在进行虚拟现实体验时，交互性是决定沉浸性的关键因素，因此在设计交互模式时应尽量注意身体惯性与虚拟世界运动的匹配性，避免给用户造成眩晕感。

人体在维持平衡的过程中主要依靠3个系统，即视觉系统、前庭系统和本体感觉系统。

视觉系统通过周围物体与自身相对位置的变化感知运动，例如乘坐公交车时，可以看见道路两旁的建筑物和树木等逐渐"向后移动"，通过这种相对位置的变化，可得知自己在向前运动。

前庭系统包括前庭器官，这些器官用于感受人体对自然运动状态和头在空间中的位置。在乘坐交通工具时，前庭系统通过内部感受性毛细胞感受运动的加减速。我们可以把前庭系统理解为一个盛满液体的容器。在前庭器官的内壁上，分布着大量的毛细胞，因而当液体发生倾斜时，感受性毛细胞能够感知液体的运动，当这些毛细胞将刺激信号传输给大脑后，大脑能够识别身体的运动状态。

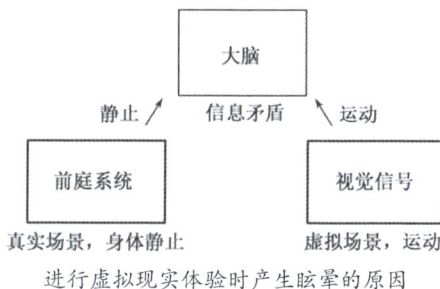

进行虚拟现实体验时产生眩晕的原因

本体感觉系统指全身肌肉关节的感觉，例如人们为保持站立的平衡姿势，大脑将不断感知骨骼、关节及肌肉的感觉，并不断地调整肌肉的舒张状态；当人们处于行走或奔跑状态时，本体感觉系统通过感知全身（尤其是双腿肌肉）的运动状态，并调整肌肉的舒张状态来完成运动过程。此外，在成长至一定阶段后，人们能够在不照镜子的情况下触摸眼睛、鼻子、嘴等器官，这些动作的完成主要依赖本体感觉系统。

虚拟现实世界不能控制用户的本体感觉系统，用户在真实空间中感知和调整自身平衡时，依赖长期形成的保持运动平衡的方式来维持身体平衡。但是虚拟现实世界可影响用户的视觉系统和前庭系统，例如为用户戴上头盔显示器后，用户通过屏幕传输而来的视觉信号在视觉系统上维持身体平

虚拟现实射击游戏

衡；用户在真实空间中的运动状态将作用于前庭系统，使得大脑能够感知运动。

当视觉系统与前庭系统感知的运动相同时，人们不会感到眩晕，但是在日常生活中，大多数人有过晕车、晕船或晕机等体验，这是视觉系统和前庭系统感知的运动信号出现差异导致的。在虚拟现实世界中，部分用户由于上述原因出现眩晕的现象，这种现象被称为"晕动病"。

6.2.5　减弱交互的抽象性

用户需要通过输入和输出媒介才能与虚拟世界进行交互。例如，通过按钮和推移摇杆等控制格斗游戏中角色的跳跃、攻击、躲避等。

通常用户的真实动作和虚拟角色的动作并非一致的，如以上示例。一般而言，现实世界中的用户动作和虚拟世界中角色动作的不一致性越大，交互方式愈抽象，用户的学习成本愈高，进入高度沉浸状态的时间愈长。

以《水果忍者》为例，在计算机端，用户执行"切水果"的动作是"快速滑动鼠标"；而在智能移动设备端，用户执行"切水果"的动作则是"快速在屏幕上滑动手指"。在虚拟世界当中，用户执行的动作均为"切水果"，不过在使用智能移动设备时，用户在真实空间中执行的动作更为贴近虚拟世界中的动作。这是《水果忍者》能够成为学习成本低，适合各年龄段用户的原因之一。虽然智能移动硬件的触摸感应并非属于虚拟现实技术，但当开发人员针对作品内容充分地发挥了这些硬件技术的优势之时，作品同样能够为用户营造沉浸性较强的体验环境。

因此在设计虚拟现实项目时，应尽可能统一虚拟世界的动作与现实世界的动作，根据项目的内容选择和使用合适的软硬件技术，否则将难以营造出沉浸性较强的氛围。

《水果忍者》游戏截图

例如，在使用头戴设备时，用户通过手柄控制器的摇杆控制角色在虚拟世界中行走，虚拟角色的"行走"和用户的"推移摇杆"之间存在差异，虽然头戴设备在视觉感知上能给予用户高度的生理沉浸感，但需要记忆推移摇杆和虚拟角色行走之间的抽象的映射方式，让虚拟现实的强沉浸性营造能力未得到充分发挥。而使用和虚拟世界中角色装备相同的控件，可解决以上问题。

6.3 虚拟现实产品设计理论

6.3.1 产品的组成

一个典型的虚拟现实数字产品包括元素属性、用户关系、叙事情节、交互方式及核心机制五大设计内容。

- **元素属性**（Elements Property）是设计者赋予产品的，包括视觉属性、声音属性、符号属性、数值属性等。其中，视觉属性体现在产品的表现层，数值属性体现在产品的机制层，而符号属性往往与概念层相关。元素属性用于决定产品的外在表达、风格特征和内部参数。

- **用户关系**（Users Relationship）指用户之间的关系，例如交流、竞争、合作与从属等，一般通过产品的交互层实现。

- **叙事情节**（Storytelling）是向用户传达中心思想、诱导用户深入了解剧情的主要手段。叙事与交互之间的界限正愈加模糊。

- **交互方式**（Interactivity）指用户与产品之间的交互方式，对于产品体验至关重要。交互方式可以分为交互时间和交互范围两大部分。其中，交互的（反应）时间在交互反馈的层面影响着产品的沉浸感，而交互的深度和广度则在控制层面影响着产品的沉浸感。

虚拟现实的手柄交互方式

- **核心机制**（Core Mechanics）是体验性设计的主要内容。如果说元素属性关注于认知，交互方式关注于行为，那么核心机制则关注于体验。

6.3.2 体验性

1. 体验性的含义

在产品设计论著中，体验性的重要程度日益提高，"体验性"有多种不同的含义。虽然不同学者对体验性的理解不尽相同，但他们大都倾向于将产品的体验和乐趣等感性因素看作体验性的本质，并将体验性提升到策划纲领的高度。

2. 体验性的层次分析

体验性可划分为交互层、模式层、机制层和文化层4个层次，而体验性的基础则可分为可用性基础和产品共性基础两个部分。

3. 体验性元素

体验性元素及相关介绍如表6.1所示。

表6.1 体验性元素及相关介绍

元素名称	介绍
沉浸元素	沉浸一般是指"通过物理方式或者想象进入一个与通常环境不同的场景"，有时也译为"置入"或"临场"。沉浸是艺术形式的共性，艺术家"努力营造所谓搁置怀疑的状态，使人们暂时忘记自己正身处于娱乐中，并且认可所发生事件的合理性"。对产品而言，沉浸则是体验性的必需要素。沉浸作为认知层面的辅助手段，无疑加深了用户认可产品的程度。不过，沉浸并不意味着一味地追求逼真的图像
情节元素	情节（Story）是指按照因果逻辑或意义逻辑组织起来的一系列事件。在产品中，情节重在通过冲突和悬念引发用户的兴趣，进而引导用户深入探索虚拟世界。体验性和叙事情节之间存在着一定冲突。交互叙事（Interactive Narrative）为解决这一冲突带来了新的思路，由此故事不再是平铺直叙的线性过程，而是由用户事件、产品事件和叙事事件交织而成的网状结构
扮演元素	扮演（Role-Playing）是指有意识地假扮某一特定角色，并从该角色的处境出发，进行思考、表达和活动的方式。如果说沉浸强调一种基于认知层面的投入，那么扮演则可看作基于人格和感情上的投入，所以，扮演是说用户暂时地认可自己就是产品中的人物，而并非高高在上地指挥某个玩具式替身（Avatar）的主人。能否产生扮演性的体验同时取决于用户的个人特质
竞争元素	竞争（Competition）是以某一方的优胜为结果的较量活动。规则的最终目的是在保障公平的基础上达到竞争力的均衡，因此，不少产品都有意将规则设置为动态的平衡系统，当比赛过程中出现较大的差距时，程序规则会倾向于扶持弱势的一方，使落后者有机会翻身追平，以避免过早出现失衡。虚拟现实产品中的竞争不仅包括与他人的竞争，同时也包括与自己的竞争、与时间的竞争或与难题的竞争
任务元素	任务（Missions）是指某个需要被完成的既定目标。任务的意义是提供给用户一个明确且具有挑战性的体验目的，促使其为之奋斗，进而在完成任务时获得成就感。经验证明，最合适的难度是使目标恰好高出用户的能力一小点
动作元素	动作（Action）是实时付诸行为的身体运动。动作是体验性最朴素的表现形式
益智元素	益智（Puzzle）元素是指设计的一些通过智力性思考才能解决的问题
创造元素	创造（Creation）意味着从无到有的过程，意味着智慧和劳动的结晶。创造活动从一开始就奠定着交互发展基础。将创造元素嵌入虚拟现实产品是一种自然的设计，创造的成就感和愉悦感不仅能为体验性增色不少，而且可以让产品具有积极的教育意义和社会影响力
探索元素	探索（Exploration）是指为了发现未知或新鲜事物而进行的勘探或旅行，如旅游、科学探索和探险等活动都具有此类的性质。在探索中，人们往往处于一种好奇、喜悦和兴奋交织的情绪状态。数字产品中大量应用有探索类的元素。求新类探索则以发现新事物为主要趣味点，通过触发用户的新鲜感和好奇心来驱动探索行为，并借此引入新的产品环境、产品角色或展开新的产品情节

元素名称	介绍
成长元素	成长（Growth）是指由低级或简单的形态向较高级或复杂的形态发展，在数量、价值或力量上的增长。在现实生活中，成长是人生的重要组成，社会也通过各种制度来量化或阶段化人们的成长，例如人们的年龄、学校的年级、军队的军衔、账户的存款及单位的职称等。成长表现为角色的能力逐渐提升
权力元素	权力（Power）是指发生某种特定事件的能力或潜力。许多心理学家视权力为人们行动和互相作用中的一个重要的、基本的动机。权力元素将用户置于管理位置，让其在产品中获得高高在上、掌控大局的乐趣。人为了更好地生存与发展，必须有效地建立各种社会关系，并充分地利用各种价值资源，这就需要人对自己的价值资源和他人的价值资源进行有效的影响和制约，这就是权力的根本目的。权力的本质是用户获得资源及制约其他用户的能力，是个人社会价值的替代性满足
群聚元素	群聚（Sociality）是指两个及两个以上的人聚集在一起的状态，例如，群体、团队、社区乃至国家和社会都是群聚的某种形式。群聚源于人类的社会天性，也是各种人际交流和群体活动发生的组织基础。在网络产品中，设计师不仅要考虑到人与产品之间的互动，更要关注用户之间的互动，在维持产品平衡的过程中，充分发挥群聚交流的乐趣——这将是未来产品发展的重要趋势

6.3.3 产品系统

系统处在特定的环境中，由各个对象构成，对象和系统具有一定的属性，并且对象之间存在着联系，这是一般系统的基本特性。

对于产品系统而言，环境即产品场地或硬件；产品的对象包括产品用户和产品中的各个元素；对象之间的联系是产品使用的规则；属性则是产品用户和产品元素的特性。

例如，在《俄罗斯方块》游戏中，环境可以是一台计算机，也可以是一台移动设备；对象则是用户本人及屏幕中的虚拟积木；对象之间的联系（玩法）是消掉不断累积的积木；而属性包括用户的熟练程度和产品元素的特性。

数字化虚拟现实类产品的系统可分为硬结构和软结构两大部分。硬结构指产品的环境和对象，包括产品硬件、产品软件、用户和产品元素；而软结构指产品属性和对象之

《俄罗斯方块》游戏截图

间的联系，包括用户属性、产品元素属性、用户之间的联系、用户与产品元素的联系、产品元素之间的联系。产品系统的基本框架如下页图所示。

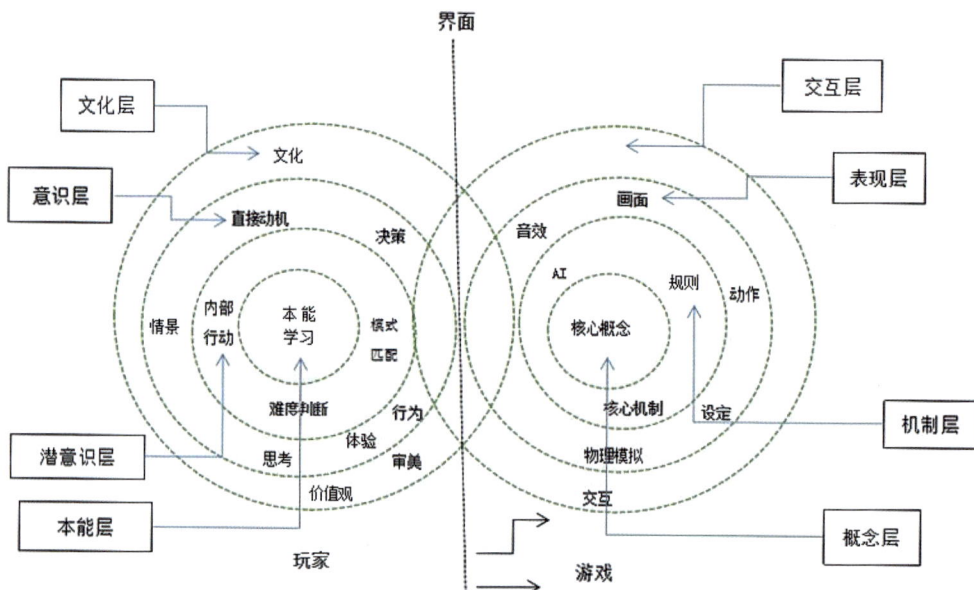

产品系统的基本框架

产品的4个基本层次：概念层、机制层、表现层和交互层，具体介绍如下。

- **概念层（Concept Level）**是产品的中心组成，包括产品设计的各种概念。其中，最核心的部分被称为核心概念（Core Concept），它是产品设计的出发原点，孕育着产品情景、玩法和风格等各个部分。作为一个产品有别于同类的灵魂部分，核心概念具有独特性和纲领性，体现着产品设计者的中心思想和用意，往往决定产品的整体质量。核心概念很大程度上是一种灵感激荡的产物，设计师的个人梦想、用户的普遍需求和其他产品的借鉴都是产品概念的源泉。

- **机制层（Mechanics Level）**包括由产品概念衍生的各种规则和机制。这一层的大部分内容都以编码的方式固化在程序内部，用于实现产品的操作交互、胜负判断、情节触发和关卡运转。其中，产品引擎是各个模块的总管，控制着光照渲染、空间透视和粒子特效的实现，掌管物理系统、碰撞检测和文件管理、网络传输，还带有编辑器和相关插件的接口。随着人工智能技术的发展，产品的机制日渐智能化。

- **表现层（Presentation Level）**包括画面、音效、动作、模拟等具有直观表现性的内容，它是产品概念的外在固化。通过具体的形象，产品得以营造出声光绚烂的体验氛围。在虚拟现实技术的推动下，表现层的内容不仅可以增强用户的沉浸感，而且逐渐能够传递出文化和审美的特质。

- **交互层（Interactivity Level）**是产品与用户产生互动的交界部分，包括交互的方式、深度、范围和反应时间等，是产品区别于其他媒体的主要特征所在。这一层级能够作用于用户的直观认知。对于动作产品而言，交互层的设计是产品的核心概念。

6.3.4 产品基础元素

产品基础元素及相关介绍如表6.2所示。

表6.2 产品基础元素及相关介绍

基础元素	提出者	介绍
规则性	David Parlet	产品设计可分为规则和无规则两大类别，可以说，规则性是虚拟现实产品的基本特征之一，也是产品设计的核心问题。如何提出一个合理、有趣的规则概念，往往是体验性设计的第一步
系统性	Katie Salen 和 Eric Zimmerman	虚拟现实产品是一个系统，在这个系统中，用户介入一个由规则定义的人为冲突，并产生可计量的结果。虚拟现实产品的系统是相对独立的，与社会生活有较为明显的界限。目前，产品系统中流行的自生性系统（Emergent System），只有少量的规则，却能产生出人意料的复杂行为，是复杂系统的一种特例。系统性是产品活动的一般共性，是产品的形式和内涵有机结合的整体。系统的意义有两个方面：其一在于为体验性提供了一个赖以构筑的基础平台，提供了机制、规则和意义体系；其二在于划出了独立的界线，是产品行为独立于社会生活的关键
佯信性	Roger Caillois	佯信性的"佯信"是指用户意识上明明知道所体验的世界是虚假的，但是仍然认可这个世界的存在并遵循其中的规则。在小说、电影等媒体中，"佯信性"与"搁置怀疑"类似，是观众认同虚拟世界的前提。"佯信"是体验性的基本属性，对产品中的交互设计、角色设计、场景设计等部分都有重要的理论指导意义
不确定性	Jesper Juul	虚拟现实产品是一个以规则为基础的形式系统，具有可变的、可以计量的结果，不同的结果被赋予不同的值。结果的不确定性是现实生活中大部分活动的普遍共性。由于现实环境中的各种客观因素复杂多变，人们往往很难准确预知事件的最后结果。不确定性也是仿真的一个重要元素
冲突性	Clark.Abt	无论是人与人之间的竞争还是人与环境之间的斗争，都可以被涵盖在"冲突性"的范畴内
安全性	Chris Crawford	冲突意味着危险，危险意味着可能被伤害，而伤害则不为人所希望。因此，虚拟现实产品能够提供冲突和危险心理体验，同时又能免去用户身体遭遇危险的可能。简而言之，虚拟现实产品是体验真实的一种安全方式。更准确地讲，虚拟现实产品一般要比它所模拟的原型更少给人带来不适
非效率性	Bernard Suits	规则会倾向于某种低效率的方式而非有效率的方式，虚拟现实产品的规则的意义往往在于降低活动的效率（增加难度），使得用户想要达到最终的目的变得不那么容易，这正是虚拟现实产品设计中一些常规技巧的理论基础
平衡性	Brian Sutton-Smith	在产品机制的设计中，平衡性是大部分产品重点关注的因素
文化性	Greg Costikyan	虚拟现实产品设计创作中也大量包含艺术性的成分。但是，从普遍的产品现象和观点来看，急于认定虚拟现实产品活动就是艺术显得不够严谨的表现

6.3.5 产品机制

产品机制的制订类似于产品规则的设计，即通过构建虚拟世界的各种操作规则来达成产品的活动机制，这与体验性设计的核心概念非常接近。产品机制设计理论将产品视作一个系统，认为虚拟现实产品具有一般系统的基本特征，如对象、属性、行为、关系等。强调运用系统论的观点来组合各种产品元素，将产品设计看作创建一个结构化的冲突，并通过为用户提供一个解决这一冲突的愉快过程来实现体验性的目的。

1. 虚拟现实产品核心机制

产品核心机制即产品机制中的核心规则，它是产品设计所围绕的核心，所有的产品系统在设计时都需要围绕产品核心机制进行。产品的核心机制一般可以用简单的动词归纳，如跳跃、移动、躲避、填色、堆积、跑动等都可以成为核心机制。

2. 虚拟现实产品深度

产品深度是建立在产品机制的基础上的，允许用户第一时间做出明智决策。也就是说，产品中的挑战是有深度的，以理解和掌握机制为基础。随着用户对机制的了解不断加深，会发现处理问题的新方法。这并不意味着挑战不需要操作技巧，深度也不纯粹是指智力。例如在玩《反恐精英》游戏产品时，单一释放某个技能无法打败敌人，这时就需要考虑策略，如先扔出一个烟幕弹，再通过火箭跳转到敌人身后，然后用火箭炮进行攻击。

6.3.6 作用空间与非作用空间

渡边修司将虚拟现实产品的空间分为作用空间与非作用空间。虚拟现实系统本身是由各种各样的"身体-作用空间""身体-非作用空间"组合构成的，有效解读这种复杂结构，找到最恰当的线索和解决方案，是顺利推进体验进程的诀窍。而当用户进入一个虚拟空间后，有时不能对作用与非作用空间进行合理辨别，一般来说，用户会在虚拟场景中进行反复尝试来得出结论。构成非作用空间的元素通常有背景音乐、背景画面、关卡加载等不能与用户进行交互的部分。

下面通过《超级玛丽》游戏来进行说明。游戏中的作用空间与非作用空间，如右图所示。玩家控制的可交互的元素即可称为作用空间，如地面、墙壁、敌人、蘑菇、下水道管口等；而无法交互的，如游戏中的云彩、树木、山等，都属于非作用空间。同样，其中的背景音乐也是非作用空间。

以背景音乐为例，在系统的体验过程中，可以很好地通过音乐节奏来影响用户的使用节奏。快板

《超级玛丽》游戏截图

音乐往往能使用户较快进入高频紧张的氛围中，调动用户的情绪。与此同时，交互的思维量与音乐速度成反比。需要严谨思考战术方法的产品，如《席德梅尔的文明》系列，音乐曲速通常较慢，其中背景音乐是曲速较慢的交响曲或协奏曲，因为每一回合都需要玩家谨慎思考游戏行为；而主要考验用户操作技巧、肢体反应的动作游戏产品如第一人称射击（First Person Shorting，FPS）类、竞速类游戏则需配合快板、急板音乐，促使玩家快速行动。

除發展城市外，您還會希望修建設施。

《席德梅尔的文明6》游戏截图

6.3.7 博弈论设计方法

虚拟现实产品设计如同在虚拟世界中再创造一个世界，和现实世界一样，虚拟世界也需要有自己的逻辑和规则。因此，虚拟现实产品设计理论中有很多借鉴了博弈论。下面就列举几个常用的理论。

1. 纳什均衡

纳什均衡是以它的发现者John Nash命名的。纳什认为，在任意一个混合策略博弈中有这样一个策略组合，在该策略组合上，任何参与人都有有限的选择；而当所有其他人都不改变策略的时候，没有人会改变自己的策略，因为改变策略会导致该博弈者的得益降低。当所有的参与人都有一个最佳选择，而且改变策略不会让他们得到更好的结果时，这就是一个纳什均衡。纳什均衡原理可用于预测博弈者在他们使用最优策略的基础上互动的结果。

2. 公地悲剧

公地悲剧的含义是如果一项资源是可供所有人使用的，那么该资源一定会很快被耗尽，而这对所有人都是有害的，长期的损失远大于短期内获取该资源得到的好处。但是由于没有一个人认为自己该对这个损失负责，他们往往不会承认自己的责任，也不会减少自己对该资源的使用。这里的"公地"可以理解为共有资产、集体资产。

3. 零和博弈

在零和博弈中，获胜方的收益和失败方的损失是完全抵消的。只要有一个可能的结果得失不相抵，就不满足零和博弈。"石头剪刀布"是一个典型的零和博弈。每一次石头剪刀布，都一定有一个人赢，一个人输（除非是平局），"石头剪刀布"每一局游戏的总得益都是零。

4. 囚徒困境

囚徒困境是指两个博弈者在博弈时会分别做出不是对自己最有利的，却能通过合作达成一个更好结果的选择。

5. 志愿者困境

志愿者困境是一个群体博弈理论。在志愿者困境中，一个人面临的选择是，是否牺牲自己的一小部分利益来让群体中的所有人受益，同时自己不能得到任何额外的好处。而如果这个人不牺牲，并且也没有任何一个其他人这么做，则所有人都要面临严重的利益损害。例如，一个社区停电了，只需要有一个人打电话给电力公司就会有人来修理。当然打电话是有成本的（时间、金钱，或两者都有），人们可能会不情愿这么做。相反，他们会想"让其他人去做吧"，省得自己花成本。然而有一点需要注意的是，如果没有人打这个电话，则整个社区都不会有电。

6. 帕累托最优

意大利经济学家Vilfredo Pareto发现，当有人得到了一定数量的货物、金钱、土地等，这实际上是从一个人手上转移到了另一个人手上（如通过销售），这就是"帕累托交换"。但是，如果一个交换过程在改进了系统中一个人的状态的情况下没有直接损害系统中其他人的利益，这个变化就是一个"帕累托改进"。比如自己通过学习提升自己的能力，这就是一个"帕累托改进"，这样的动作不会导致其他人被削弱。如果是偷了其他人的钱使自己变得富有，这就不是一个"帕累托改进"，因为这会让被偷的一方的能力被削弱。通常，参与双方都可以进行"帕累托改进"，甚至进行多次。一个系统达到了没有"帕累托改进"的余地的状态，它就达到了"帕累托最优"，又称"帕累托效率"。

6.3.8 心理学设计方法

虚拟现实产品设计需要围绕用户进行，以人为本，无论是视觉还是交互，只要是围绕人的设计就避不开心理学。在这里主要列举可以用于产品设计的心理学理论。

1. 心流

美国心理学家Mihaly Csikszentmihalyi在他的同名著作中描述了心流的原理。心流描述的是一种内在的动机达到顶峰的状态，在这种状态下，人的意识超越了身体上的感知，进入一种巅峰状态。其特征是享受这个过程，充分参与其中。要想进入心流或"巅峰体验"，从事的活动就需要满足3个条件：明确的目标、难度稍高于用户的能力、随着活动进行难度的不断提升。

2. 7种通用情感

这7种通用情感是由美国加利福尼亚大学旧金山分校心理学教授Paul Ekman最先提出的。他发现，情感总是无意识、稍纵即逝的，但可以很容易地通过人们的面部变化表现出来。这是情感和情绪的一个显著区别，前者持续的时间更长，并且可以被隐藏和掩饰。所以研究人类的情感是非常棘手的。不过人类彼此之间还是有着很多共同点的，有一些情感也是普遍存在的。科学家们想到了通过研究人类的面部表情并且进行跨文化的比较的办法。他们发现有7种通用的情感表达是世界的每一种文化公认的。这7种情感是惊讶（Surprise）、轻蔑（Contempt）、愤怒（Anger）、喜悦（Joy）、恐惧（Fear）、悲伤（Sadness）、厌恶（Disgust）。

3. 魔法圈

20世纪早期，历史学家Johan Huizinga在其著作《游戏的人》中提出了"魔法圈"理论，是指当人们在进行某个活动时，自我可以完全沉浸其中，就如同暂时进入了另一个世界，这个体验过程中所沉浸的虚拟空间称为"魔法圈"。

4. 体验与动机

体验者的感性因素可初步划分为体验和动机两个层面，前者重在描述氛围中的综合感受，后者则重在指明进行产品体验的内在动力。其中，体验包括过程中所处的情绪状态和感性经验，而动机可被看作意图，是由用户的情绪或思考引发的欲望或需求。根据动机的不同作用可将其分为初始性动机、持续性动机、重复性动机和习惯性动机。其中，初始性动机指第一次进入的最初动机，持续性动机指在体验过程中不断维持的动机，重复性动机指再次开始的动机，而当重复性动机固化为习惯后，将成为条件反射式的活动，则可称为习惯性动机。体验与动机的关系，如果以数字游戏为例可以参考下图。

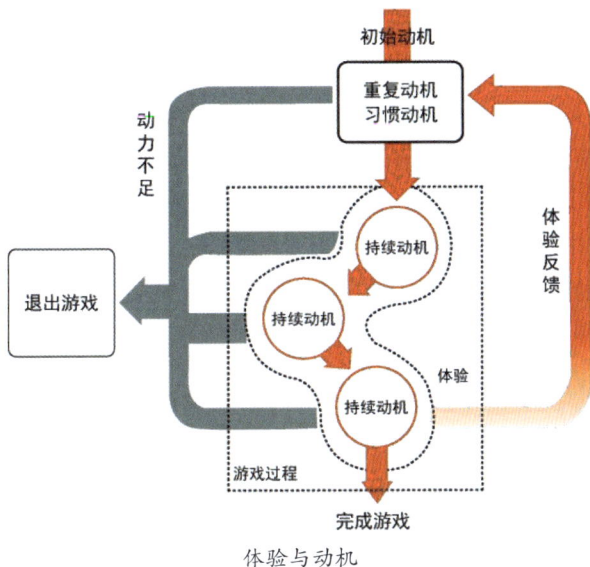

体验与动机

6.3.9 娱乐产品特有的设计理论

在进行数字娱乐类产品的设计时，需要用到专业的设计理论，即游戏设计理论。各国的游戏设计师和游戏学家总结的理论纷繁复杂，各有所长，在这里仅列几个经典及常用的。

1. 巴图

Richard Bartle是多用户游戏领域的先锋，他将游戏中玩家的行为分成了4个基本类别，可以用扑克牌的花色代表，包括成就型玩家（Achiever，方片）主要关注的是如何在游戏中取胜或达成某些特定的目标，探险型玩家（Explorer，黑桃）尝试在虚拟世界的系统中寻找一切他们所能找到的东西，社交型玩家（Socializer，红桃）享受在游戏过程中与其他玩家的互动，杀手型玩家（Killer，梅花）喜欢把他们自己的意愿强加给他人。

巴图游戏玩家分类模型

Richard Bartle用两条轴线分出的4个象限来分析这4种不同的玩家。x轴从左至右分别是玩家（Player）和世界（World），y轴从下至上分别是"交互"和"行动"。成就型玩家倾向于作用于世界，探险型玩家倾向于与世界交互，社交型玩家倾向于与其他玩家交互，杀手型玩家倾向于作用于其他玩家。

2. 拉扎罗4种趣味元素

拉扎罗（Lazzaro）4种关键趣味元素是一个设计工具。玩家对游戏的热忱来自玩家喜欢的动作所引发的情绪体验方式。玩家玩游戏有以下4种原因。第一，玩家对一种新的体验感到好奇，他被带入这种体验中去并且开始上瘾，这被称为"简单趣味"（Easy Fun），如投篮或是扎破气球，这些事情本身就很有趣。第二，游戏提供了一个可供追求的目标，并将其分解成一个个可以达成的步骤，实现"困难趣味"（Hard Fun），这种类型的乐趣让玩家体会到胜利的感觉。第三，当玩家的朋友也参与进来的时候，产生了"他人趣味"（People Fun），竞争、合作、沟通和领导结合在一起，参与度增加。第四，"严肃趣味"（Serious Fun），玩家通过游戏来改变他们自己和他们的世界，例如人们会通过脑筋急转弯来锻炼自己的智力，通过跳舞来减肥。

3. MDA

MDA代表游戏的机制（Mechanism）、运行（Dynamic）和体验（Aesthetic），是一个系统化的分析和理解游戏的理论。它是由3位游戏设计师Marc LeBlanc、Robin Hunicke和Robert Zubek提出的。有两种不同的方式来理解MDA。第一种是游戏设计师以定义在游戏中想要达到的体验效果作为设计流程的开始，然后确定要达到这样的体验效果玩家需要参与什么样的游戏运行过程，最终再为这样的运行过程设置游戏的机制；第二种方式，与第一种相反，游戏玩家将"体验"（Aesthetics，即A）作为桥梁，进而通过"运行"（Dynamics，即D）推导出"游戏机制"（Mechanics，即M），也就是A-D-M的过程。

4. 游戏四分类

法国学者Roger Caillois提出，按照规则与自主程度的不同，游戏可分为4种主要类型。①竞争类：既有自主也有规则，例如下棋、足球等游戏。②运气类：有规则，但是少有自主，例如骰子游戏等。③模拟类：有自主，但是少有规则，例如角色扮演、积木等游戏。④眩晕类：既少有自主，也少有规则，例如过山车、滑梯等游戏。

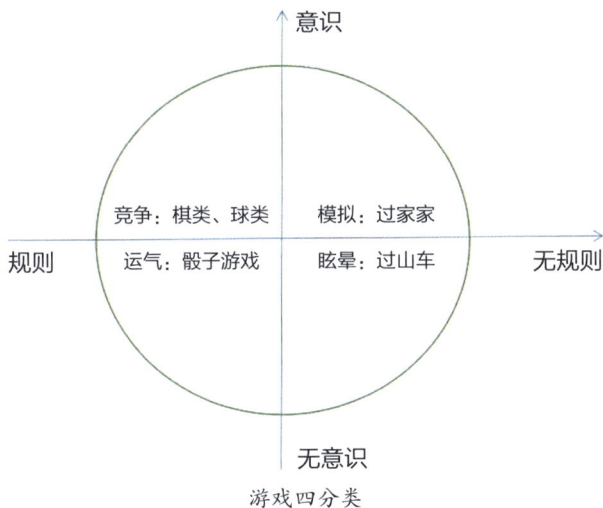

游戏四分类

6.3.10 英雄之旅

得益于戏剧和电影的多年创作实践，故事的写作有很多理论可以借鉴，如经典"三幕剧"结构和"英雄之旅"（*The Hero's Journey*）理论等。"英雄之旅"理论以更加详细的分析揭示叙事的结构。这一理论由神话学家Joseph Campbell首先提出，他研究了不同文化中的大量神话传说和英雄故事，从中抽离出一个共性的情节框架，因而他的理论也被称为单一神话论（Mono Myth）或英雄之旅理论。这一理论将英雄故事解析为启程、启蒙和回归。很多好莱坞电影的故事情节都是采用"英雄之旅"理论来展开的，如《花木兰》《指环王》等。

以"三幕剧"结构为例，这一模式由开始、发展和结局3个部分组成，可套用于多类叙事文体。

第一幕：开始阶段——介绍背景，引入人物，预示危机。

第二幕：发展阶段——遭遇危机，产生冲突，进行抗争。

第三幕：结尾部分——解除危机，呈现结局。

6.4 产品策划基础

6.4.1 产品策划工作

产品策划是一种构建规则系统的创造性活动，往往通过愉悦性或挑战性来吸引参与者，并保障结果安全。

通常，产品策划者在开发过程中以小组的形式工作。按照开发项目的不同，产品策划人员可以为一个到数个不等，担任的职位也往往根据公司的情况而异，分工不同。一般来说，产品策划人员的主要职责是负责产品项目的方案设计，此外还有可能管理项目的进度和分工（尤以小型开发团队常见），甚至有一些策划会承担市场接洽等商业任务。但无论如何，在开发团队中，策划人员是项目的核心和灵魂，承担着整个产品蓝图的规划，责任重大，需要和各个部门充分沟通，互相配合。

在一个典型的开发团队中，除管理和后勤人员外，产品开发人员大体可分为4类：产品策划人员、产品程序员、产品美术设计师和产品音乐创作人。根据项目的需要，这4类中又可以进一步划分出更详细的岗位。如产品美术设计师可以分为概念美术设计、二维美术设计、三维美术设计和动画美术设计等，产品程序员可以分为服务器程序员、引擎程序员、客户端程序员、工具程序员等。同样，产品策划人员也可以分出若干种岗位，常见的分工如下。

1. 产品主策划

产品主策划又称为产品策划主管，负责产品项目的整体策划，主要职责在于产品核心概念和整体框架的设计，协调其他策划成员的工作，有时也会参与整个开发项目的管理和协调。

2. 产品系统策划

产品系统策划又称为产品规则设计师，主要负责产品系统规则的编写，如游戏中的战斗系统、交易系统、升级规则等，通常和程序设计师的工作联系紧密。

3. 产品数值策划

产品数值策划又称为产品平衡性设计师，主要负责产品平衡性方面的规则和数值的设计，承担各类数据的设定和管理，如游戏中的武器伤害值、HP值、战斗的公式等。

4. 产品关卡策划

产品关卡策划又称为产品关卡设计师，主要负责产品场景的设计及任务流程、关卡难度的设计，其工作包括场景布局、地图结构、角色分布、设计等。

5. 产品剧情策划

产品剧情策划一般负责产品的故事背景、发展过程及对话内容等文字性的设计。产品的剧情策划需要有一定的文学基础，通常和产品关卡设计师配合设计关卡的运行。

6. 产品脚本策划

产品脚本策划主要负责产品中脚本程序的编写，类似于程序员但又不同于程序员，因为会负产品概念上的一些设计工作。通常是产品设计的执行者。

需要指出的是，这些岗位仅仅是为了使整个团队协作良好而设立的，并非严格的职责划分。在不同的项目和团体中，产品策划者作为开发项目的核心成员，其分工往往更为灵活和集中，经常会出现一人身兼多职，或者彼此互相换工的情况，各种策划工作往往互相融合交叉，以充分发挥每个策划者的聪明才智，确保项目顺利开展。

6.4.2 策划文档写作

产品策划文档也叫作"产品设计文档"或者"产品策划案"。策划文档写作是一个将策划的内容文档化，编写成大家都能查阅的文档的过程。

当产品概念被认可，在进行产品设计的过程中，随着产品制作规模越来越大，团队成员的增多，许多庞杂事项无法被每个团队成员记住。因此，必须有一个书面的产品策划文档作为执行准则，每一事项均以策划文档的说明内容为准。即使进行修改，也必须先修订策划文档的内容，然后才能进行实际产品制作内容的修改。

1. 策划文档的组成

产品策划文档没有固定的格式，其最重要的目的是落实概念、制订计划、加强沟通和促进交流。不同制作团队中的策划文档可能大相径庭，但通常都会包括文档目录、产品概述（简介）、产品机制、产品元素、产品进程、交互菜单等主要部分，每个部分还可以进行进一步的细分。一个典型的产品策划文档的组成如下。

- **文档目录**。文档目录是策划文档的一个重要组成部分，帮助人们更快、更好地查阅策划文档。当开发团队成员在文档中查找某条信息时，通过文档目录即可快速找到信息所在位置。

- **产品概述（简介）**。对于新加入的团队成员而言，产品概述是理解这个产品的良好出发点，包括产品类型、产品特色、故事背景、市场需求、产品卖点、产品对象、运行平台、主要操作方法等内容，主要用以描述产品的基本情况。概述的篇幅建议控制为一页，不必进行深入刻画，着墨点应主要放在产品特色及卖点方面，即介绍此产品与众不同、引人入胜的地方。

- **产品机制**。产品机制部分也可称为产品操控部分，描述用户在产品中能够进行哪些活动，以及产品如何运行的，主要包括产品规则、得胜条件、操作方式、人机界面、人工智能等内容。这一部分的设计水准高低极大地影响着体验性水平的高低，当属策划文档中的"重头戏"，应深思熟虑后再落笔成文。

- **产品元素**。产品元素是产品中将要出现的所有对象的集合，是构建产品的素材。当产品元素被设计者创造出来，并以独特而有趣的方式组合起来时，用户就会进入一关又一关引人入胜的场景，并沉浸其中，流连忘返。通常，产品元素可以分为三类：角色、物品和对象。

- **产品进程**。产品进程部分一般是策划文档中最长的部分。在这一部分，产品设计者把产品分解为用户经历的各种事件，并叙述它们如何发展变化。这一部分将指导艺术小组和设计组创建产品中各种类型的环境，设计师依照这部分的文档内容设计各个关卡所包含的细节，并且把产品的各个元素组合在一起。大部分产品的进程都按照关卡进行划分，依照关卡顺序来组织文案就成了常见的形式。产品进程部分的写作技巧在于策划者的"移情"，策划者需要始终形象化用户在每一关中的感觉，并把这种感觉用文字表述出来。

- **交互菜单**。交互菜单包括产品进行时的界面菜单和产品之外的系统菜单两部分。一般来说，界面菜单与产品机制关系密切，涉及用户如何选取产品元素，如何与产品进行交互等操作性问题，因此一般倾向于把它归入产品机制部分进行描述；而系统菜单主要用以说明产品外的其他各种选项，例如用户如何存储和装载产品等。

2. 策划文档的分类

常见的策划文档有以下3种类别：概念设计文档、产品论述文档和产品脚本文档。概念设计文档是最核心和粗略的，它是整个项目的创意起点；产品论述文档较为详细，包括各个产品元素和产品过程的描述；产品脚本文档最详尽，它是细节化的，是其他部门据以展开制作的最终文档。

➢ **概念设计文档**。

通常，概念设计文档的重点在于提供一个概念性的轮廓，让决策者（可能是产品制作人、投资者或是发行商）可以就产品的大方向进行许可确认。通常在此文档中，需要提出的包括市场的需求、目标群体、产品类型、主要乐趣、特色等基本内容。产品策划的内容是非常有弹性的。正因为如此，我们很难以一个概念策划评估整个产品制作的规模。

➢ **产品论述文档**。

当一个概念策划被确定可行后，接下来要进行的就是基于原本只有几页的概念设计文档确定更多的细节，使之成为大约10~30页的设计论述文档。产品论述文档最重要的目的是将整个产品的结构完全架构出来，但是不会牵涉到最细节的设置。其主要内容是产品的基本框架、结构组成、整体规模，还有一些与项目制作相关的规划和设想。

➢ **产品脚本文档**。

在开始进行产品开发之前，就要将产品论述文档再详细编写下去，使其成为真正可以实际用来开发产品的产品脚本文档。这个文档可能会多达几十页，甚至几百页，因为它详细描述了所有的制作细节。不过这里的制作细节，并不包括所谓的"程序系统分析规格书"之类的技术文档的相关内容，产品脚本文档基本上还是比较文字性的描述，或是简化的流程图。

6.4.3 产品策划能力养成

从产品策划的角度体验产品，能增强产品策划能力。

- 一个好的产品策划应该体验过各种类型的产品，不同类型的产品都可以为产品设计提供思路。

- 从差的产品中能学到的东西其实和从好的产品中能学到的一样多。事实上我们更容易在差的产品上有所收获。

- 策划永远不能说一个产品很差、很糟，或某款产品很棒，策划人员在体验产品时要习惯性地从设计师的角度出发，想尽办法找到"一级最优策划"。

- 找"断点"，也就是产品没有按照原有意图设计的地方，具体如下。

系统断点：产品系统体验结果与设计初衷相反。

技术断点：产品中出现的漏洞，一般的产品是有漏洞的容错率的。

6.5 艺术性设计

虚拟现实作为艺术和技术的融合，其产品设计也同样需要在技术积淀的基础之上确保艺术性的视觉表现效果。虚拟现实产品的艺术性效果的提升主要依靠设计师或产品策划人员的艺术修养，而不是仅依靠已有的设计小技巧或规律。本节主要介绍艺术心理及艺术思维的相关知识。

6.5.1 艺术心理

1. 艺术心理的含义

艺术心理包含艺术家的艺术心理、艺术创作中的艺术心理、艺术作品中的艺术心理、艺术欣赏中的艺术心理等方面。它是一个非常复杂的心理系统，包含意识、无意识、认识过程等心理在内的思维活动体系。

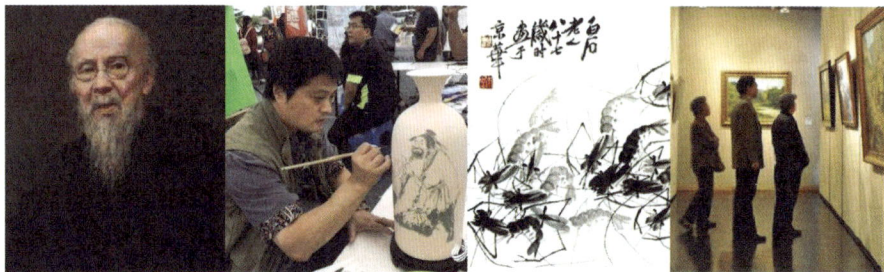

艺术家、艺术创作、艺术作品、艺术欣赏

2. 艺术心理的特征

所谓艺术心理的基本特征，是指从各门类艺术心理中提取出来的，为各门类艺术心理共同所有的东西。

- **意象性**。意象是在以塑造或欣赏一定艺术形象为目标的前提条件下，以表象为材料，经过艺术思维特别是经过艺术思维中的艺术想象，而形成的意中之象。不论创作什么艺术作品，在开始创作之前，都必须通过艺术思维特别是通过艺术思维中的艺术想象把艺术创作目的和结果以艺术意象的形式表现出来。我国古典文论中的"意在笔先"和"胸有成竹"，说的就是这个道理。艺术意象是艺术心理诸特征中的一个首要的基本特征，也是其他诸特征的载体。

- **倾向性**。艺术心理的倾向性是指艺术构思和意象中的主题、目的、意向、审美观、价值观、艺术观和艺术旨趣等内容。其可分为3大类：第一类是直接反映一定思想倾向的，如毕加索的《格尔尼卡》等；第二类是社会历史意义倾向的，如德拉克洛瓦的《自由引导人民》；第三类是仅有一定艺术旨趣或其目的在于陶冶情操和健康娱乐的，如印象派画家莫奈的《印象·日出》。

《格尔尼卡》

总之，在艺术构思中，倾向性起着航标、决定取舍和改造表象的标准作用。在艺术意象中，它则起着核心和中枢纽带的作用；而在将艺术意象物化为作品的艺术形象中，倾向性又起着中心思想或主题的作用。

- **想象性**。艺术想象是一种在艺术家头脑中以平时积累和存储起来的表象为材料，以围绕着一定意向（主题等）构思出一定艺术意象为目标，经过对表象的分析、修改、夸张、虚构、强调等加工，在意识中创造出新的艺术"胎儿"——艺术意象或艺术意象系列的心理过程。艺术想象有3种主要表现形式：联想、推想、幻想。

- **情感性**。艺术情感是植根于对社会生活体验、认识和审美评价的深厚的土壤中的，从来没有无缘无故凭空产生的艺术情感。艺术情感始终是一个"派生物"，它总是由对某种事物的认识、态度或审美评价而派生出来，然而它又总是在艺术认识和艺术思维过程中起着十分重要的作用。在一定的意义上可以说，没有一定的艺术情感，便没有完善的艺术思维，也就没有完善的艺术形象。同时，它又总是强烈而又鲜明地表现出艺术工作者和艺术欣赏者的艺术倾向性、审美性和艺术表现（或欣赏）水平。

- **艺术个性**。艺术个性是艺术心理的另一显著特征。所谓艺术个性是指艺术家的个人倾向性（目的和动机），受其性格、气质、兴趣、能力、艺术情感和心理过程等诸多因素影响。艺术心理中的个性越鲜明突出，越能显示出艺术心理的成熟，这是艺术家艺术心理必备的，也是首要的特点和条件。

3. 艺术心理的本质

艺术心理的本质特征，就是在艺术实践基础上主体审美的本质力量和客体审美对象两者相互碰撞、相互作用和相互转化的矛盾运动的统一，是审美感受和审美规律的统一。

所谓艺术实践，是指通过社会生活实践和艺术在互相撞击、互相作用、互相矛盾、互相转化的运动过程中，将客体审美对象和主体审美本质力量有机地结合和统一起来的一种活动。社会生活实践和艺术实践对艺术心理起着中介和桥梁的作用，离开了社会生活实践和艺术实践，就失去了根基。

主体审美本质力量包括作者既已形成的艺术心理定式、艺术感知力、艺术直觉力、艺术记忆力、艺术思维力、艺术想象力、艺术灵感、艺术意志、艺术情感、艺术个性的强度、艺术创作的技能和技巧等内容，也就是艺术工作者进行艺术创作必须具备的一切主观能力。

客观审美对象包括客观社会生活已经反映到头脑中来的许多事物的表象、记忆、经验等，体验者亲身经历的诸种情感越丰富、越深刻，便越有利于审美时情感的选择和升华。

主体审美本质力量和客体审美对象相互碰撞、相互作用和相互转化的矛盾运动的统一，是指客观审美对象反映到主体的感官中来，引起主体的感知或直觉，从而使其大脑中神经细胞产生表象、识记和识别，进而以表象信息的形式激发主体的创作初衷，从而发起联想和想象，进而引起整个艺术思维（包括创作设想和计划）。在这个艺术思维过程中，对各种生活表象进行选择、剪裁、加工、连接或重组，甚至由此按照主题和塑造艺术形象的需要，自由地展开超时空的、超生活的艺术想象。

6.5.2 艺术心理定式

所谓艺术心理定式，是指艺术工作者在长期的社会生活、学习和艺术实践中，在头脑中逐渐形成的非常确定而又稳固的艺术心理态势。其基本特点在于它是由习惯意识和习惯无意识两种基本心理有机构成的，是以往习惯了的知识、经验、思想、观点和信仰的总和，是一个由非常熟练的艺术心理诸元素构成的特殊心理系统。

它不同于一般的艺术心理和思想。只有成熟的艺术工作者才能形成比较系统的艺术心理定式，每个人的艺术心理定式都是时代思潮的凝集、历史意识的积淀和习以为常的个性心理等的有机统一。所谓艺术心理定式，实质上就是艺术职业的习惯意识、习惯无意识和受这两种艺术心理影响、调唤的本能无意识及与之相应的习惯的艺术情感四者的有机统一体。这既是艺术心理定式的基本性质，也是艺术心理定式的基本特点。

艺术心理主要由下列要素有机构成。

- 世界观（含方法论）。
- 社会观（含历史观和政治观）。

- 人生观（含价值观和道德观）。
- 艺术观（含艺术的目的和动机）。
- 科学文化知识信息量（包括艺术作品和艺术理论的信息量）。
- 社会生活信息量。
- 创作经验信息量。
- 艺术个性心理的强度。

6.5.3　艺术思维规律

意象思维是专以捕捉既富有个性特征又富有代表性的具体形象为其对象和目的的思维。它运用个别的具体反映客观事物外在形态的表象作为材料，并按照它自身发展的具体过程进行思考，从而进一步构思和想象出更富有个性特征、更生动、更具有代表性的典型意象。

意象思维和抽象思维的对立统一性，二者的客观基础在于：任何客观事物都是现象（具体形态）和本质、特殊和一般、个性和共性的统一。这就是说，现象和本质、特殊和一般、个性和共性总是不可分割地结合在一起的，是互为前提条件、互相渗透、互相依赖的。因此，将事物的具体形态和本质反映到人脑中来，从而产生的意象思维和抽象思维，也只能是二者的统一，是互为存在的前提条件、互相渗透的。意象思维所思考的事物的具体形态及其发展过程，就包含了该具体事物内部的本质和规律，因此，意象思维本身就自觉或不自觉地把握住了具体事物的本质和规律。

艺术思维是指在艺术创作构思和艺术鉴赏的过程中，在意象思维和抽象思维相统一的联系系统中，以意象思维占相对优势，即以在艺术家头脑中构思和孕育出一个成熟的"艺术胎儿"——艺术意象为目的的一种思维方式。艺术思维是一种极其复杂的心理活动，既含有艺术创作者和鉴赏者的感性认识和理性认识，又含有艺术心理定式和审美实际、感受、体验等心理活动。

艺术思维就是在意象思维和抽象思维交替运动的过程中，以客观事物反映到头脑中来的大量表象作为思维材料，围绕着特定的主题，以既定的审美理想为指导，进行艺术想象，从而逐渐地构思成"艺术胎儿"——艺术意象；然后才有可能据此物化出艺术作品——艺术形象。在艺术思维中，需要表现进步的审美理想，表现社会发展的趋势或健康的生活情趣。

同样，在创作艺术作品的过程中，也是既需要意象思维又需要抽象思维的。在艺术创作中，意象思维和抽象思维的统一具体表现在几个主要方面：进步的世界观和社会生活的统一，积极的主题与生动的题材情节的统一，深刻的思想内容与完美的艺术形式的统一，正确的创作动机与良好的社会效果的统一。

在艺术创作和科学研究中，意象思维和抽象思维的互相转化，显得特别频繁而又神速，灵活而又多变，简直是难以用计算机来做机械计算的；而它们两者之间的界限，也是难以用任何现代化机械手段予以分隔开的，这就是人脑富有创造性的思维矛盾运动的特殊性表现。正是意象思维和抽象思维两者反复交替、灵活多变地互相转化的矛盾运动，推动了艺术创作和科学研究的思维运动的发展，促进了双方彼此不断深化和提高，不到作品（包括艺术作品和科学论著）最后完成，这个互相转化和促进的思维矛盾运动就不会停止。

6.5.4 艺术效应

1. 艺术效应的生物性

人是生物性和社会性的综合体，下面先从人的生物性谈起。这里所说的生物性有两个方面的意思。一方面是与生俱来的生理功能，如五官的感受，视神经、脑细胞的功能，性本能等。人有视听功能特定的适应性，有生物节奏的规律，于是才可能有悦目、悦耳的效应。另一方面是本能的适应性，以及在这种本能适应性的基础上产生的要求或反感，如不喜欢过强的光线、过尖的声响，不喜欢苦涩的味道等。

生理反应是构成视觉效应的生理条件。对生理特性的适应、合拍，可以产生特定的形式感受，本能意欲的驱动也会对视觉心理产生影响，这是形式感受的最基本层次。生理反应的相对稳定性和局限性，可以成为探索形式规律的重要基础。

2. 艺术效应的社会性

人的社会性使人有别于动物，这是社会文明发展的产物。毫无疑问，人的视觉心理也会打上社会的烙印。马克思有一个著名的论点：人的本质并不是单个人所固有的抽象物，在其现实性上，它是一切社会关系的总和。

生活环境的影响、社会的制约改变着人的意识和行为，特定的历史条件也会给艺术形式打上社会的烙印。

学者腾守尧在介绍心理分析学派的理论时，对人的生物性、社会性以及同艺术的关系有一段很好的评述。

人的生物性与社会性相辅相成，各司其职，合二为一。生物本能的潜在作用贯穿人的身心，是基本的、恒久的。本能欲望的驱动力蓄势待发，具有很强的能动性；社会重塑赋予人理性认识和丰富的社会性内涵，人的思想观念、生活态度、行为方式必然会被打上深深的社会化烙印。社会性可以影响审美观念，却不能改变艺术规律本身。

生理、意欲、精神上的不同需要，可以在艺术中得到相应满足。所以，有必要在分析艺术效应时分层面进行梳理。必须明辨什么是视觉艺术形式自身的效应，什么是艺术形式的社会化产物，哪些属于原始的生命需求，哪些属于社会性附加。

7 第7章
产品策划文档撰写

本章主要讲解虚拟现实产品策划文档的写作技巧和方法，包括概念设计、机制设计、交互设计、时空设计、叙事设计五部分。

7.1 概念设计

产品核心概念是产品概念中的核心部分，它能使一款产品具有独一无二的特质，是风格、玩法和主题等内容的纲领。

- 这个产品最无法抗拒的是什么？（对应于核心体验性）
- 这个产品要完成什么？（对应于产品目标）
- 这个产品能唤起用户哪种情感？（对应于用户体验）
- 用户能从这个产品中得到什么？（对应于设计目的）
- 这个产品是不是很特别？它与其他产品有何不同？（对应于产品特色）
- 用户在产品世界中应该控制哪种角色？（对应于核心玩法）

进行概念设计时要遵循概念创新性、体验性原则。体验性原则是指产品的概念应围绕体验感受展开。核心体验性的差异会使相同主题分化出不同产品设计子概念，造就不同风格的产品体验。而核心体验性的不断丰富则可以引导设计向正确的方向推进。概念设计的内容包括世界观设计、角色设计。

7.1.1 世界观设计

背景也叫世界观，包括产品的时代、地点、人物和故事等内容，奠定了产品的整体风格和基调。

- **背景的题材**。产品背景设计可以粗略地称为世界观设计，即采用文字、图形等手段创造出一个虚拟的世界。其作用在于激发用户的想象，使之产生对产品世界的认同和情感共鸣。产品题材的来源有两种主要方式：取材于其他媒介或独立编撰。一般来说，从著名的历史、影视、小说和神话中取材有事半功倍的效果。世界观设计对产品有着至关重要的作用，它确立了产品的时空关系，奠定了产品的基调和风格，并且引领着产品故事的发展。

- **背景的内容**。当背景的题材确立后，我们需要进行具体的内容细化，主要包括自然背景和文化背景两大部分。自然背景也叫物理背景，如年代、地理、气候、物产等，它决定了产品的实际面貌。在设计的初始阶段，我们不需要巨细无遗地描绘所有内容，重点应放在关键概念草图的创立上。文化背景也叫人文背景，包括艺术、宗教、科技、政治结构、社会组织、贸易、历史事件、势力关系等，重点体现人们的信仰、态度和价值观。

- **背景故事写作要点**。除文字表达能力外，在产品背景故事的写作方面还包括3个要点——可信性、连贯性和戏剧性。可信性是指虽然用户会经历所谓搁置怀疑的过程，但终究会相信这个故事；连贯性是指故事具有明显的线索，没有无关的赘述，没有脱节的分支，用户能够沿着作者的思路走；戏剧性通常由一系列矛盾和冲突组成，多涉及偶然性、巧合和骤变，在人物之间形成复杂关系，吸引用户深入剧情。对产品而言，故事的戏剧张力服务于体验性张力，不能让故事冲淡了体验性。例如《俄罗斯方块》就不需要复杂的故事，而《勇者斗恶龙》则恰好相反，它需要好的故事做奠基。

- **背景与体验性**。产品的背景应该为体验性服务，针对不同的体验性进行定位。在体育产品和赛车产品等强调动作元素的产品中，背景一般不需要十分复杂，只要能够描绘出产品的气氛和风格即可，太多的背景陈述反而会冲淡产品的焦点。

7.1.2 角色设计

人物分为用户角色（PC）和非用户角色（NPC）两种类别。用户角色是用户在产品中的替身，代替用户执行所有的活动；非用户角色则是不受控制的人物，它们可能由AI驱动，也可能只是某种摆设。

1. 角色设计策略

- **普适性**。让产品角色满足大多数人的人格愿望，受到普遍的认可是设计的一大要点。由于众口难调，角色的设计策略大体有两种：多选化的个性角色及普适化的单一角色。多选化的设计策略通过塑造多个不同的人物来满足用户的心理需求；而普适化的单一角色则具有更大的设计难度，角色力求人见人爱，符合多数人的审美，如马里奥、劳拉都具有广泛的亲和力并大获成功。

- **个性化**。个性赋予产品角色以鲜活的生命力，让人过目不忘，而且，分明的性格也使得用户能够对号入座，找到惺惺相惜的寄托。个性化角色设计是增强用户置信度的有效手段。例如，与众不同的造型、独特的性格、响亮的名字、身世背景、职业、技能、爱好……都是产品角色的个性所在。

- **细节化**。细节是角色个性塑造的进一步补充和发展。巧妙的细节往往能使产品角色大放异彩，更加立体可信，例如角色的造型、性格，甚至是一些看似微不足道的习惯动作、口头禅、小缺点或嗜好。

- **理想化**。满足用户的愿望是角色设计的主要秘诀，用户喜欢某个角色大多是因为产品角色寄托着用户心底的美好理想和平常无法实现的愿望。

- **均衡性**。均衡性是指普适性与个性化之间的均衡，理想化与细节化之间的均衡。普适性与个性化的均衡在于对特色的把控和拿捏。当一个角色试图迎合所有人的口味时，它将很难拥有分明的个性，最后往往不瘟不火，用户过目即忘；而如果角色个性太甚，则可能会出现两极分化：爱之者爱之甚，而厌之者也厌之甚。理想化与细节化之间也应注意均衡。

2. 角色外观

一些倾向于视觉表现的设计师喜欢从外表入手创建角色，这称为艺术驱动型角色设计。使用这种方法能创造出人格并不复杂，外形讨喜的角色。与之对应的是故事驱动型角色设计。

3. 角色类别

大体上，产品角色可分为3类：人类角色、非人类角色以及二者的混合，它们从完全不像人类过渡到真实人类的样子，其间没有严格的界限。在设计中需要注意避免让主角陷入所谓的恐怖谷（ Uncanny Valley ）。

1970年，日本机器人研究人员森政弘提出，由于机器人与人类在外表、动作上都十分相似，所以人类会对机器人产生正面的情感；当两者的相似度到达某个特定范围时，机器人会突然变得让人反感，这个范围即所谓的恐怖谷。

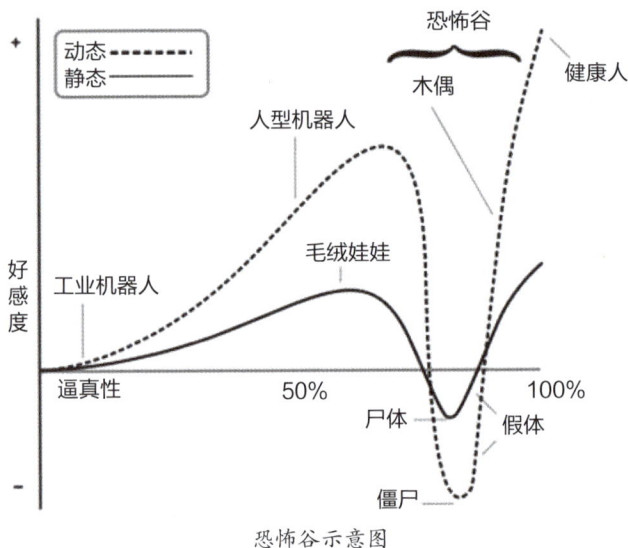

恐怖谷示意图

> ▶ **性格类型**。

在设计中，可以参考一些固定的角色类型，常见的有搞笑型、强悍型、机敏型、耍酷型等。

搞笑型：外形看起来有点逗人发笑，动作笨拙、性格单纯、毫无心机。

强悍型：通常是指身体强壮的硬汉，肌肉发达、性格豪爽，看起来有暴力倾向。

机敏型：看起来有点可爱和无辜，动作伶俐，善于跳跃和攀爬，头身比例通常接近儿童。

耍酷型：通常都有些叛逆，敢于挑战权威，性格豁达，个性张扬，与众不同。

> ▶ **服饰及武器**。

衣服和饰品也是角色外观的组成部分，与角色相得益彰的服饰能够表达出更多的角色个性，透露出某些不为人知的细节。

4. 角色属性

为了增加角色的深度，设计师需要以故事驱动的方式进行角色设计，即通过个性、行为、人生经历、价值观和目标来发展角色，使之脱离于平面化的空壳，成为有血、有肉、有情感的角色。出于产品需要，角色一般都会被赋予某种使命或者功能。因而，定义角色的功能是我们进行角色属性设计的第一步。

5. 数值属性

角色的数值属性大体可分为内属性和外属性两类。

- **内属性**：也叫特征属性，一般不受升级影响，在产品中很少改变，包括力量、智力、魅力、领导力、灵力、体力、反应、耐力等描述角色基础能力的属性。内属性通常由用户进行点数分配，并通过换算公式来改变外属性。

- **外属性**：也叫状态属性，用来描述角色当前的状态，通常是一个变化的值，包括攻击力、防御力、伤害力、魔法值、生命值、速度、伤害力等。

6. 角色情感

用户期望看到丰满而立体的产品角色，它们可能显得神通广大，同时也会有一些癖好和缺点。设计师Ernest Adams和Andrew Rollings建议使用情感维度来定义角色。根据情感关系总结出以下几种维度。

- **零维**。零维的角色只有几种特定的、离散的情绪状态，没有中间过渡，也没有连续变化，它们不会平滑地逐渐从某种状态转变到另一种状态，也不会出现两种及两种以上状态的叠加。

- **一维**。一维角色的情感可以从某种状态线性地转变到另一种状态。

一维情感线索

- **二维**。二维角色具有多条不同的情感线索，不过这些情感互不矛盾，各自平行发展，没有交集。

二维情感线索

- **三维**。三维角色拥有多种复杂的情感状态，它们之间彼此纠缠，或者相互冲突。三维角色会为权衡利弊而纠结，会自我否定，或者做出前后矛盾的行为。

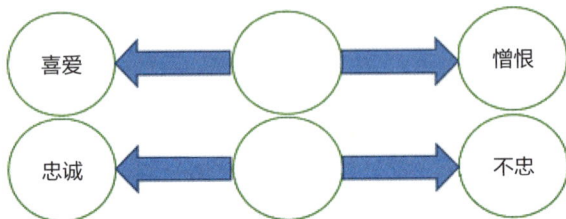

三维情感线索

7. 角色AI

巧妙的AI能造就丰富的机制变化,增加用户的博弈难度。虽然AI大部分由程序员编写,但策划人员有时也需要协助进行设计。

- **有限状态AI**。有限状态AI即有限状态机。有限状态AI高效实用是一切更高级的AI技术的基础。一个有限状态AI就是一个拥有一系列可能状态的实体,其中的一个状态是当前状态。这个实体可以接受外部输入,然后根据输入和当前状态来决定下一步该转换到什么目标状态。转换完成后,目标状态就有了新的当前状态,如此循环往复,实体和外部不断交互下去,实体的状态就不停地发生改变。

- **模糊状态AI**。产品开发人员开始把不确定性引入AI系统中,使NPC的行为产生更多变化。这就是所谓的模糊状态机,其基本思想是在有限状态AI的基础上引入不确定性。在有限状态AI中,只要知道了外部输入和当前状态,就可确定目标状态。而在模糊状态AI中,即使知道了以上两点,也无法确定目标状态,而是有几个可能的目标状态,究竟转换到什么状态,由概率决定。

- **可扩展AI**。前面介绍的有限状态AI和模糊状态AI都是基于规则的AI,都需要事先设计好易于理解的行为规则。而产品设计师的主要任务就是完善行为规则,调节有限状态AI和模糊状态AI的各项参数,使得AI的行为在某种程度上表现出智能。不过,产品设计师大多不具备编程能力,无法直接修改程序,因此,程序员们设计出些简单易用的工具,可以使产品设计师能够比较容易地修改AI规则。

7.2 机制设计

机制设计也就是规则设计,主要包括自由度设计、难度设计、情态设计、变化性设计、平衡性设计。其中核心是平衡性设计。在虚拟现实产品中,平衡性设计共分为5种,分别是对称平衡、循环平衡、不对称平衡、极不对称平衡、动态平衡。

- **对称平衡**。对称平衡是指产品各方状态完全相同的平衡。对称平衡是先天的、绝对化的平衡。不过,在角色、物品、场景的设计中,对称带来的同质化意味着用户选择多样化的丧失,因而在最近的产品设计中更多地代之以其他类型的平衡。

- **循环平衡**。循环平衡是指循环相克带来的整体平衡,"石头剪刀布"和"五行"是这种平衡的基本原型。在此类系统中，每一种元素都占有对另一种元素的优势，但同时又处在第三方的元素的劣势中。

- **不对称平衡**。在理想化的循环平衡和对称平衡中，所有元素都是同质的，这使得产品战略失去了选择的意义。用户只有在差异中才能进行优劣比较，因此，不对称的平衡诞生了。在角色的力量、感知、体质、魅力、智力、敏捷及运气这些属性中，每个属性都对应一定的数值，但总体保持恒定，因而用户只能创造出不完美的角色。

- **极不对称平衡**。极不对称平衡是经过夸张后的不对称平衡，例如一对多、以寡敌众。

- **动态平衡**。在数字产品中，动态平衡的维持机制可以是智能化的，通过技术调整难度。

7.3 交互设计

交互设计的核心是界面设计。界面设计包括对产品的人机交互、操作逻辑、界面布局等方面的设计，需要充分体现产品的定位和特点，让产品变得有个性、有品位，让操作变得舒适、简单、自由。

1. 界面设计内容

- **界面大小**：产品中的各个界面大小一般是固定不变的，因此在设计时要明确规定界面的大小，其中包括各个显示窗口和按钮的大小，可以按照像素数值或比例来定义。

- **界面布局**：指界面的显示区域的布局。

- **交互结构**：产品一般有多个不同的界面，例如载入前的界面以及暂停、选项等窗口等，其布局及相互的连接关系都需要一一进行设计，并通过流程图的方式加以说明。

- **按键排列**：按键的排列对界面基本功能的实现十分重要，按键设置要完整，功能不能有遗漏，布局要合理、直观。

- **按键状态**：以流程图的方式，逐一说明按键或图标在不同状态时的效果及功能。

- **功能实现**：说明按键及操作所对应的结果和功能。

- **美术效果**：说明整个界面的美术效果，注意风格统一，符合主题。

2. 界面设计原则

- **提高效率**。蹩脚的交互和繁复的菜单会影响产品的沉浸性。因此当界面设计合理，用户在熟练操作后，会凝神于思考和选择，忘记界面的存在，从而达到提高效率的效果。

- **符合习惯**。产品界面要按照自然的方式和人习惯的方式设计反馈内容。

- **保持沉浸**。保持用户沉浸的方式包括减少无关的联想、干扰和打断。

- **精简界面**。精简界面的理想方式是利用场景本身来传递信息，例如人物的表情、动作、物品的状态等，这些都是表达信息的自然载体。如果界面的出现不可避免，则需要尽量将其隐藏和弱化其存在感。

● **风格一致**。界面中的各个窗口应保持风格一致，界面风格与产品风格也应保持一致，如此设计可以提高用户的操作效率。

3. 界面设计流程

虚拟现实产品作为一种特殊的软件，其界面设计流程与其他软件没有什么区别，一般包括以下步骤。

（1）确认目标用户。确定目标用户的范围，获取用户的年龄、职业等信息，并分析其交互需求。要考虑到目标用户的不同引起的交互设计重点的不同。

（2）采集目标用户习惯的交互方式。不同类型的目标用户有不同的交互习惯，这种习惯的交互方式往往源于现实中的操作方式或者已有同类产品的交互流程。需要通过调研分析，找到目标用户希望达到的交互效果，并且加以优化。

（3）文档细化。在确定用户的习惯和需求的基础上，将界面的各个内容逐一细化，形成一个较为完整的界面设计文档。

（4）原型化。由策划人员和程序员配合，或者采用一些工具初步实现交互的动作、流程与效果演示，让用户能直观地了解界面间的逻辑关系。

（5）可用性测试。对原型进行初步的测试，评估其交互设计的合理性、效率性、可学习性、可记忆性等指标。

（6）修改并最终完成。通过不断修改和测试，得到最终定稿的UI设计方案，并将其交由美术部门或UI部门进行制作。

7.4 时空设计

7.4.1 空间结构设计

空间结构设计是指围绕一定的目标和任务，构思、制作、安排产品环境中的建筑、空间、物体、进程与机制的创造活动，其中包括地图设计、任务设计、进程设计等。设计师一般无须自己动手制作美术素材，而是预先设计好图纸和文档，交由美术部门进行制作，然后再将素材收集起来，拼接成完整的场景空间。

1. 空间元素

● **地形**。地形可分为室内和室外两种基本类型。设计师的主要工作是规划地图，设计空间形态，并考虑内部装饰、灯光效果，以及用户在空间内的体验和行为，非常类似于建筑设计师和环境设计师的工作。

● **对立角色**。对立角色是关卡中的传统要素，设计师通过设定其数量、类型、出现的批次、地点和时间，可以操控产品的整体节奏，使得关卡张弛有度，富有生气。

- **物品**。物品包括道具、武器、资源、医药包、弹药等，物品的状态关系到平衡性、难度和用户的策略。因此，设计师应仔细调整物品的设计，通过测试使其达到最优效果。其中重点考虑的因素包括物品的位置、次序、刷新频率和功能，必要时应进行计算来辅助设计。有时候还有隐藏的物品，需要触动机关才能获取，增加了探索的乐趣。

- **目标**。目标也叫任务，是完成关卡的必要条件。目标设计应该难度合理、信息明确，使用户清晰地理解产品的意图。如果加入子任务和支线任务，可以增加任务的丰富性。各个子任务之间可以串联或并联，形成不同的空间结构。设计时应仔细梳理目标之间的流程和关系。

- **剧情**。场景中的剧情一般经由NPC对话、过场动画和文字来表达，它可以营造氛围，煽动情绪，让用户的情绪跌宕起伏。

- **边界**。边缘地带即边界。边界决定了场景的大小及遍历场景所需的时间，它是设计中必须考虑的因素。一般来说，场景和场景之间是不连通的，只有当用户完成了预设的任务才能进入下一个场景。有时候，边界也会作为场景之间的衔接部分而存在。

- **大小**。在技术层面，场景空间的大小是指实际文件的大小，其中包括材质文件、音乐文件、模型文件等。在三维产品中，贴图和纹理占据关卡文件的大部分，对产品的实时性能影响重大。因此，关卡的规划是否合理，关系到产品最终是否能被实现，必须认真对待。

- **美感**。关卡设计除了满足玩法的需求外，还要突出艺术性，营造赏心悦目的产品体验。例如色调应和谐统一，色彩搭配应具有美感，构图要有主次之分，远、中、近景要层次分明。

2. 空间布局

空间布局（Layout）对产品影响深远，决定了用户的行走路线和产品流程。原则上我们可以使用任意的空间布局，以配合产品体验的需要。以下是一些常见的布局模式。

- **开放式布局**。开放式布局通常用于广阔的室外场景，如草原、戈壁、广场等。角色在此类空间内可以任意游逛，几乎不受任何限制，适合多人同时出现的场景。此类布局中经常安排一些相对较小的障碍物，如雕塑、树木、岩石等，以避免场景太过空旷，也可以设计一些通路和入口，通往其他的封闭空间，以增加探索的乐趣。

- **串联式布局**。早期单线结构的产品经常使用串联的方法来布局关卡，让用户按照固定的顺序依次过关，没有分支或环路。这种布局比较适合单个结局的线性产品，如卷轴产品和轨道射击产品等。在此类产品中，用户不需要自己决定行走的路线，不需要后退，只要顺着剧情不断前进即可。

- **并联式布局**。并联式布局由串联式布局发展而来，实际上是多个单线布局的并行化版本。用户可以选择多个路径中的一条进行体验，以多种不同的方式通过关卡。一般来说，用户会在好奇心的驱使下，尝试所有不同的通路和可能，这就增加了产品的耐玩性。在设计时，要注意多个通路之间的相互平衡，比如风险较高的路径会获得更大的奖励，特别隐蔽的入口会通往某条捷径等。也可以在情节上加以区别，例如某些路径提供了更多的产品故事，某些路径则更为深入地揭示了产品背景等。

- **环形布局**。环形布局经常出现在赛车产品中，用户需要循环经过同一个路段。有时环形结构中可以设计一些捷径，以打破刻板，并提供节约时间的方案，不过设计师要仔细平衡捷径与常规路径之间的关系，提高通过捷径的难度。

- **星形布局**。星形布局呈辐射状，其内部有一个明显的中心地带，通往其余的所有地点。一般来说，中心部分是用户的初始出发点，例如基地、城邦和出生点。

- **网状布局**。网状布局是较为复杂的，各个空间以交错的方式相互连接，形成类似网状的结构。用户在此种布局的关卡中可以自主选择路径，具有较高的自由度。由于设计师无法控制用户的行走路径，因此很难安排逻辑性较强的线性故事。不过这并不是说无法讲故事，而是说各个故事片段应该相对独立，用户可以按照任意顺序进行解读。

并联式布局　　　串联式布局　　　环形布局　　　星形布局　　　网状布局

空间布局

3. 空间设计要点

- **明确空间设计目标**。大部分产品对场景空间都要求有非常明确的目标，一般包含若干短期目标和最终目标。短期目标是指用户当前需要克服的困难，如跳过眼前的沟壑，此类目标必须非常明确地传达给用户；而最终目标是产品的整体任务，用户可能会通过长期观察而逐渐了解，不必明确地给出。

- **注重引导场景**。产品的前几个场景一般被称为教学关或新手关，在这一阶段，用户还不太了解产品的用法，需要设计一些简单的引导式内容。据统计，新手关是用户最容易流失的阶段，因此设计师必须格外重视。如果在引导场景中出现设计失误，则会带来不可挽回的损失。

- **注意节奏变化**。快节奏的产品少有休息的时间，产品带给用户的压力较大；而慢节奏的产品则允许用户从容不迫地处理各种挑战。

- **善于奖励用户**。当用户表现出良好的技巧和策略时，应通过多种途径来实施奖励。在面对挑战时，设计师应确保用户知道成功的奖励及避免失败的方式，这样用户就会在做出决定前充分权衡和思考。

- **突出产品特色**。对于不同类型的产品，场景空间设计的重点有很大区别。偏策略的产品更注重调动用户思考，要在场景中创造运用谋略的机会，并且奖励那些善于思考的用户。

- **避免逻辑缺陷**。场景中有关逻辑的缺陷可分为两种：显性漏洞和隐性缺陷。显性漏洞包括奖励失衡、策略漏洞、机制死锁、卡住用户、位置失常等，这些漏洞一眼就能发现，只要及时更正就无伤大雅。设计师需要与质量保证员紧密合作，及早发现并消除一切可觉察的显性漏洞。而隐性缺陷则指那些不合情理的深层的设计问题。有个别设计人员不做调研，想当然地进行创作，关卡设计得十分虚假。这虽然不会产生严重的后果，但却会大大降低产品的品质。

4. 场景结构设计流程

- **确定目标**。场景结构设计流程的第一步是明确设计目标，内容包括场景定位、技术限制及进度安排等。场景定位是指明确用户要完成的任务、预期的产品体验、胜利条件、失败条件、产品时间、背景故事等；技术限制是指产品系统或引擎方面的要求，如支持的文件格式、最大地图尺寸、贴图大小、模型多边形数量限制等。此外，设计师还应评估开发团队的工作效率和进度要求，不能因为某个场景太过复杂而影响到整个项目的进度。

- **集体讨论**。当场景的总体目标和具体限制明确后，就可以进入集体讨论阶段。这一阶段重在提出想法，十分类似于"头脑风暴"。制作的相关人员，包括策划人员、美术人员、程序员等共同参加讨论，就地形、建筑结构、物品摆放、敌人特性、特殊事件等各抒己见，形成大量的方案。

- **概念可视化**。这一阶段的想法应该表现为关卡地图、概念草图或者某特定场景的速写。在图中，设计师应体现各种关键元素，如关卡的形状和界限、角色的活动范围、战略意义重大的区域、特殊物品的放置、NPC的位置、资源生产点、高地、路径、用户的起始位置和结束位置。

- **方案评估**。概念草图完成后，整个场景制作小组应该再次召开会议，就已有方案进行初步评估，美术设计师和程序员需要发挥专长，从专业角度评测方案的亮点、不足及可行性。

- **方案原型化**。在这个阶段，设计师将根据方案着手构建原型。

- **原型测试**。当程序员完成场景原型的最终驱动后，应运行场景关卡并开始测试。

- **场景定型**。原型测试完成后，设计师会根据反馈进行修改，修正问题并实现新的特性。这一阶段可能是局部修改，也可能需要全部推倒重来。

- **美术制作**。定型后的关卡将交由美术部门继续加工。设计师需要列出一个详细的文件列表，描述将要用到的所有素材，并说明素材的制作细节。

- **艺术调整**。一般来说，美术和音乐部门第一次制作的素材都会存在某种问题。这时，需要对提交的素材进行评估，就存在的技术问题、功能问题和艺术问题提出修改建议。关卡设计师应该与美术部门负责人保持紧密联系，随时调整艺术的创作方向。

- **素材整合**。当美术部门的任务完成后，设计师将使用关卡编辑器来整合所有素材，这一阶段需要仔细调整所有细节。

- **测试**。通常，关卡设计师是产品的第一个测试者，当他认为关卡可以提交时，将由质量保证部门来进行正规的测试，这就是所谓的Alpha测试，该产品版本也因此被称为Alpha版。

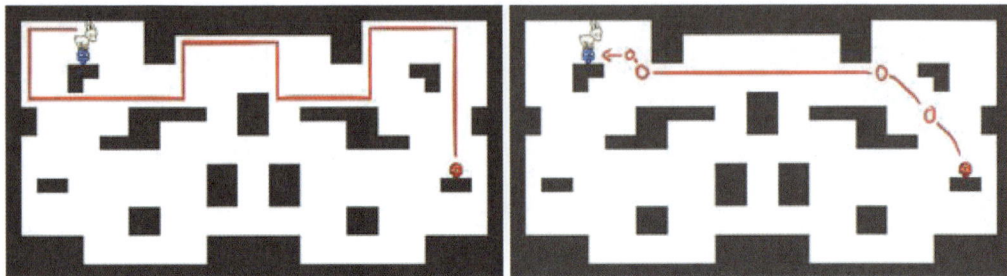

游戏关卡设计图

7.4.2　视角设计

一般来说，产品视角可分为固定视角和可变视角两种基本类型。固定视角包括框架视角、卷轴视角、俯视视角和轴测视角，可变视角包括第一人称视角、第三人称视角和全能视角。大部分二维产品都采用固定视角，而三维产品多采用可变视角。

• **框架视角**。框架视角最早产生，其空间仅限于屏幕的范围，框架视角是固定的，易于识别和操作，不过容易给人单调、乏味的感觉。

• **卷轴视角**。卷轴视角可以随着用户的操作而平行推移画面，从而展示出丰富的场景。这是较为早期的产品技术，代入感较低。

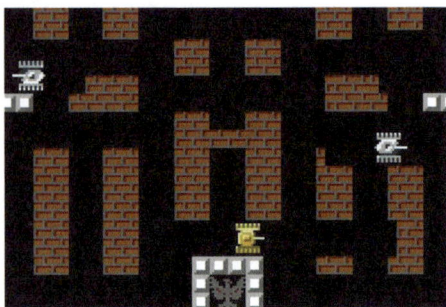

框架视角《坦克大战》

卷轴视角《超级玛丽》

• **俯视视角**。俯视视角是卷轴视角的特例，用户以正投影的方式俯瞰场景，易于产生大局在握的宏观感受。

• **轴测视角**。轴测视角是卷轴视角的进一步发展，能够以0°、45°等固定的角度呈现有立体感的轴测视图，能给人较强的真实感。

• **第一人称视角**。第一人称视角完全以用户的视角呈现画面，可以自由移动和转动，具有极强的代入感，往往能使人产生身在其中的幻觉。

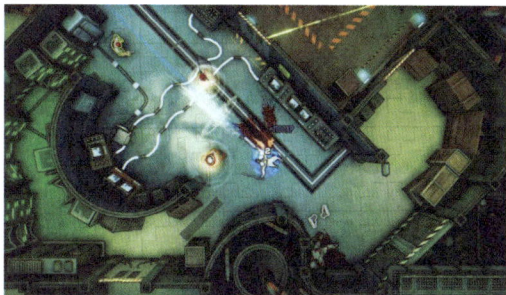

俯视视角

轴测视角《帝国时代》

- **第三人称视角**。第三人称视角也叫尾随视角，画面追随主角的移动而发生相应变化，用户可以看到主角的动作，不过代入感相比第一人称视角有所下降。

第一人称视角《反恐精英》

第三人称视角《堡垒之夜》

- **全能视角**。全能视角是完全自由的空间察看方式，用户可以选择在任何角度和位置操作产品，因而有一种全能全知的感觉，往往适用于扮演天神或者灵魂出窍的情景之下。

7.4.3 时间设计

虚拟空间中的时间是真实时间的虚假表征，它可以按照现实的时间1：1发生，也可以将几千年的历史浓缩于半晌。在虚拟世界里，时间是设计师的表现工具，可以按需随时暂停、拉长、缩短或倒流。

- **对等型时间**。对等型的手法多见于产品中的动作设计，其特点是产品世界和现实世界的时间保持对等长度相同。

- **缩放型时间**。缩放型时间是对等型时间的发

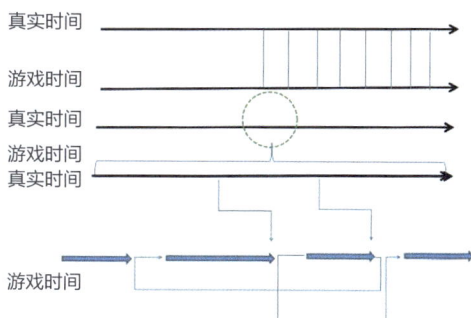

时间设计

展，即以短暂的现实世界时间来表征相对漫长的产品世界时间。由此，产品中的时间被大大压缩，用户可以在短时间内完成现实中不可能完成的过程，例如，用户从原始社会到封建社会只需要10分钟。

- **叙事型时间**。叙事型时间依赖于故事的情节。例如在电影、小说等媒介中，时间往往并不按照因果顺序依次发生，插叙、倒叙等各种手法造就了曲折多变的时间感受。在产品中，叙事型时间就来自这一传统。在产品过场动画和关卡交叠中，时间往往是任意的、消失的，设计师可以依照故事情节的需要而灵活安排。

- **互动型时间**。产品中的时间也可以由用户自行掌握。存档功能的出现就是允许用户回到某个特定的时间点。随着人工智能的发展，一些产品的时间控制开始由程序自行判断设置。例如在游戏《模拟人生》中，白天的时间以现实的48倍的速度进行，夜晚的时间进行速度则高达上千倍。而如果有角色在夜晚醒来，则这一速率会忽然又回到48倍。这样，用户就可以略过无聊的时段，只体验有意义的产品过程。

7.5 叙事设计

不同的虚拟现实产品有不同的叙事方式。有些产品可能并不需要叙事，如虚拟仿真实验；而有些则非常依赖叙事，如虚拟现实互动电影。无论是哪一种，在虚拟现实产品系统中的叙事都属于交互叙事或互动叙事。叙事方式可以分陈述型、选择型和开放型3种。

- **陈述型叙事**。陈述型叙事对于故事和剧情的完整讲述是非常有帮助的，类似电影、小说的叙事方法，整个故事一般是线性的，且有固定的结局。一般在陈述型叙

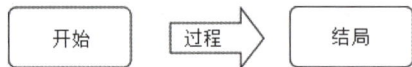

陈述型叙事

事过程中，无法插入互动情节，否则很容易打破叙事节奏，一旦将叙事权交到用户手中后，叙事过程就需要将主动权让出，由用户进行自己的故事演绎。因此，本质上叙事和交互是一对冲突体。

- **选择型叙事**。在选择型叙事中，虽然提前确定了大部分内容，但核心情节还需要在互动中完成，也就是故事的开始和结局是固定的，但中间的过程全部由用户自行完成。中间的过程既可以是网状的，也可以是章节的叙事结构，尽管中间的过程是由用户完成的，但用户能够做出的选择是有限的，这是为了保障最终的结果一致。

- **开放型叙事**。在开放型叙事中，设计师不会设计任何限制规则，在互动中创设情节时，设计师仅为用户提供场景、背景和冲突的开端。开放型叙事也是真正将叙事和互动深度融合的叙事方式。在开放型叙事中，不会产生重复性的剧情，每个用户创造出来的剧情都不一样，Janet Murray将其称为"赛伯戏剧"。开放型叙事很

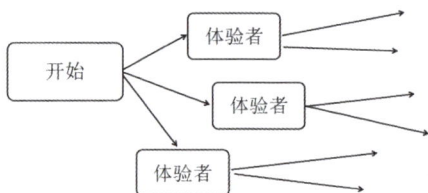

开放型叙事

大程度上需要依赖AI的支持，因此对底层技术的要求较高，但随着技术的发展，开放型叙事必将成为叙事的主流。

8

第8章
虚拟现实产品分析与评估

在了解了产品的设计与策划相关知识后，如何评估一款产品的好坏，从哪几个方面进行分析和衡量就是本章要介绍的内容。

8.1 产品分析的内容

8.1.1 体验性

体验性是产品体验最重要的部分，是用户长时间集中注意力的焦点。体验性和产品元素的关系就如同小说的故事之于纸张，电影的情节之于银幕。一个热衷于国际象棋的棋手不会因为棋子的外观而改变爱好——无论是廉价的木质棋盘还是昂贵的镶金大理石棋盘，对他来说在体验性上没有本质的区别。

体验性具有主观性，同样的产品对于不同的用户来说，体验性评价可能大不相同。体验性是产品体验的首要指标，它源于产品体验机制，通过交互与用户产生呼应，形成产品体验的焦点，对画面、故事、界面和音频等内容有着决定性的影响。

8.1.2 画面

人类从外界获得的信息大多来自视觉，如果视觉信息与其他感觉信息相矛盾，绝大多数人所认可的是视觉信息。视觉优先于听觉、触觉和嗅觉，具有绝对的优势。因此在产品中，视觉是产品体验除体验性之外第二重要的组成部分，能带给用户基于美学的愉悦感。只有将优质的视觉效果与良好的产品体验性结合起来，才能成就完美的娱乐体验：画面承载着产品环境，搭建出用户沉浸的虚拟世界，延长了用户使用产品的时间；而体验性给用户以目标和挑战，产生了持续的注意力焦点，是产品的核心和本质。我们不应该倚重一方而忽视另一方的意义，这二者缺一不可。

在设计中，我们应时刻注意产品画面的协调性，让用户感觉产品的各个部分是一个连贯一致的整体。画面的意义首先在于提供可信的产品背景，其次才是美学表达，缺乏内涵、空洞的视觉冲击就像美丽的肥皂泡，只得一时风光。

需要注意的是"画质≠美学"。好的画质会让画面显得更加逼真，但不能决定产品的美，产品的美是整体的。美体现在产品的方方面面，每一处细节。

虚拟现实游戏画面

8.1.3　故事

产品中的故事是对一系列有意义的事件的描述，其形式可以表现为文字、动画或声音等。在产品中加入故事有助于强化产品的戏剧性，维持用户对产品的兴趣。

对于不同类别的产品而言，故事的讲述方式大有不同。在某些强调动作、竞争和反应的产品中，所谓的故事大多只是给用户提供一个借以发挥想象的背景，不是产品的核心内容。如数字游戏中的冒险游戏、策略游戏和角色扮演游戏等，故事是通过互动完成的，是产品中不可或缺的重要组成部分。

总体来看，体验性与戏剧性是各自独立的两种娱乐元素，对产品体验有着不同的重要影响。如何更好地实现交互与叙事的无缝融合是设计师需要深入思考的问题。

8.1.4　界面

界面是用户与虚拟世界之间产生互动的媒介，包括人机交互、操作逻辑和界面布局等内容。

产品中的交互大体可分为两类：用户与用户之间的交互，如聊天、交换和PK；用户与软件之间的交互，如打怪、收集和探索。二者都需要经由界面实现信息的传递，只不过前者经过了两次界面的传递。良好的界面使得产品交互舒适顺畅、简单易学，促使用户产生流畅、持续、深入的产品体验，并有助于突出产品的定位和特色。

需要注意的是，产品界面不单指按钮和菜单等习惯意义上的界面元素，还包括产品主画面中一切可以产生交互的实体，如能被摘下的果实、高亮的石块或可被拆除的建筑等。如果巧妙利用产品主画面中的实体操作，可以有效提高产品的交互效能。产品界面对产品体验有着举足轻重的作用，决定着产品中的交互过程、交互结构和交互方法。

8.1.5 音频

产品音频主要包括音乐和音效两大部分，其中音乐尤为重要。音乐创作的专业性很强，音乐家通过旋律、节奏、速度、力度、和声等手法，引起人们内心的共鸣，使之在情感上得到潜移默化的熏陶。

在产品中，音乐是辅助性元素，其风格要与产品相符，协调于产品的玩法和故事背景。音乐超越了语言和文化藩篱，直接反映出用户的感情起伏及复杂情绪，具有直达心灵的感染力。与视觉艺术相比，来自听觉的音乐虽然不能给人扑面而来的视觉冲击力，但其影响更加绵长隽永，深入人心。

产品音效则主要指产品中的界面、环境、角色等元素的配音，如菜单弹出、鼠标选定与拖动的音效，脚步声、对白声、呼喊声等与角色相关的配音，刀剑舞动、爆炸、魔法等特效音效。与音乐文件相比，音效文件一般数量较多，体量较小，以单个文件的方式存储，由程序实时调用或即时合成。

音乐也可以作为玩法的一部分加以设计。例如游戏《太鼓达人》需要用户配合音乐节奏，敲打机台上的日本传统乐器"太鼓"，打出正确的节拍。

8.2 可用性分析

8.2.1 可用性评估方法

1. 用户模型法

用户模型法是用数学模型来模拟人机交互的过程，从而评测软件应用的各项体验数据。

2. 启发式评估

启发式评估的原则共有以下几条。

- **系统状态可见性**。系统应始终在合理的时间内通过反馈使用户了解当前发生的情况。

- **系统与用户现实世界相互匹配**。系统应使用自然的、用户熟悉的语言并遵循现实世界的惯例，以符合逻辑的顺序出现。

- **用户控制与自由**。支持用户的撤销与重做的需求，当用户错误选择后，有明确的"撤离"通道，以离开当前状态。

- **一致性与标准**。按照统一的标准设计，用户不会因为对某个词语或标志的错误理解导致执行错误的动作。

- **错误预防机制**。设计师要做的是为了防止问题发生而进行的精心设计，而不是等用户的问题产生后精心设计一个报错处理机制。

- **可识别性**。不应理所应当地认为用户会记住某些标志或动作，而是将这些信息以易于理解和可视化的方式清晰体现在界面上。

- **使用灵活与操作高效**。针对新手用户和有经验的老用户，系统应具备一定的灵活性，允许自定义设置，以满足不同用户的使用需求。
- **美观而精炼的设计**。对一些不重要的信息或很少使用的信息应该隐藏或剔除，降低用户的学习成本。
- **帮助用户认识、诊断和修正错误**。用户在使用过程中出现报错信息，该信息应该使用通俗的语言简单化地表达出来，并提出有效、准确的解决方案。
- **帮助和文档**。尽管用户查阅使用文档的机会很少，但依然应准备完善、有效的文档，以帮助用户进行问题检索并解决问题。

3. 认知性遍历

在认知性遍历中，测评者从一个说明书或早期的原型出发构建任务场景，然后让用户使用此界面来完成任务。

4. 用户测试

用户测试就是让用户真正去使用产品，由试验人员对实验过程进行观察、记录。用户测试分为实验室测试和现场测试两种。

5. 问卷调查

使用可用性问卷调查来收集用户的实际使用情况，了解用户的满意程度和遇到的问题，并利用收集到的信息不断改进和提高软件的质量与可用性。

8.2.2 可用性评估原则

Jakob Nielsen是一位人机交互学博士，于1995年1月1日发表了"十大可用性原则"。以用户为中心的十大可用性原则是评价交互应用软件的重要依据。熟练掌握十大可用性原则对于指导设计来说意义重大，可提升整个产品的可用性。

十大可用性原则分别为：状态可感知、贴近用户认知、操作可控、一致性、防错、减少记忆负荷、灵活高效、美学和最简主义原则、容错、人性化帮助。

- **状态可感知**。该原则意为要让用户清楚目前的状态信息，如界面中的血量、经验值、武力值、任务进度、敌人血量等。
- **贴近用户认知**。贴近用户认知即尽量将生活中的逻辑和设计逻辑保持统一，用户上手成本更低。如滑动解锁和生活中侧拉开门的场景类似，这个设计与日常生活认知十分贴近，用户上手的成本特别低。又如微信红包的设计，红包样式和现实中大众认知的红包基本一致，都是红色的且外观相似。用户要发红包时，先要塞钱进红包。其他人单击红包时，有一个拆开的按钮，用户拆开红包后里面的钱就会存入零钱，整个流程完全贴近用户的生活认知。

微信红包

- **操作可控**。用户对于行为可预期可控制。对于用户的误操作，提供二次确认或者撤销的功能，这样可提高用户操作的可控性。虚拟现实产品中如果要做毁灭性操作，大部分都需做二次确认，如删除存档等，这样是避免用户误操作带来的损失。用户不用因为操作失误而有心理负担，从而提升操作可控性。

- **一致性**。遵循统一的产品设计规范、逻辑，这里的一致性也包含产品和跨平台产品之间的一致性。产品间的一致性，包含视觉和交互的一致性，无论是文案、视觉风格、组件样式等都应遵循一致性。

- **防错**。设置防错的机制，降低用户出错的概率。例如微信朋友圈发动态时，什么都没有输入时，发表按钮置灰，这就是一个防错机制。

- **减少记忆负荷**。减少用户记忆负荷，尽量提供用户需要获取的信息。比如在删除手机相册中的照片时，选择删除的数量会在标题上显示，提示用户会删除多少张，避免用户主动记忆。

- **灵活高效**。提供灵活高效的操作有助于提升用户的体验感。

- **美学和最简主义原则**。保留产品最核心的信息，如果视觉信息优先级不是普适需求，则应尽可能将其省略，避免影响产品的简洁和美观。

- **容错**。用户在使用产品的过程中出现了问题，能及时准确地告知用户出现问题的原因。如用户在注册时，需要输入手机号进行校验，如果手机号格式错误会出现用户手机格式不正确的提示信息。

- **人性化帮助**。在用户可能需要帮助的时候，提供必要的帮助说明。恰当地提供帮助入口，提高用户使用率。

8.2.3 可用性评估

1.为什么需要评估

现在用户不仅期望一个可用的系统，还希望能从其获取愉悦感和参与感，这意味着进行评估十分重要。用户体验涵盖了最终用户与系统交互的所有方面。首先要满足的是用户的确切要求，其次是产品要简单和优雅，能让用户感到舒心、愉快。

评估什么？评估的种类繁多，从简单的技术原型到完整的系统，从一个特定的屏幕功能到整个工作流程，从审美设计到安全性特征等都需要进行评估。

在哪里评估？在哪里评估取决于正在评估的对象。例如有一些特性通常在实验室中进行评估，因为它提供了必要的条件来系统地调查是否满足用户的所有需求；而用户体验方面则在自然环境中可以更有效地进行评估。

何时评估？产品生命周期评估的阶段取决于产品的类型。例如正在开发的产品可以是全新的概念，而如果是新产品，则通常投入相当多的时间用于市场研究和用户需求建立。

2. 评估类型

根据用户参与度、设置和控制级别将评估分为以下3大类。

- **涉及用户的可控环境**：例如实验室和生活实验室，控制用户的活动以测试假设是否成立并测试或观察某些行为。主要的方法是可用性测试和实验。

- **涉及用户的自然环境**：例如在线社区和公共场所使用的产品，该类评估很少或没有对用户活动进行控制，以确定如何在现实世界中使用产品。使用的主要方法是实地研究。

- **不涉及任何用户的环境**：顾问和研究人员预测和模拟界面的某些方面，以确定最明显的可用性问题。方法包括检查、启发、走查、建立模型和分析。

每种类型各有利弊。例如，基于实验室的研究有利于揭示可用性问题，但在捕捉使用情境方面表现较差；实地研究有助于显示人们如何在预期的设置中使用技术，但是成本高昂且难以实施；建模和预测虽廉价且可快速执行，但可能遗漏不可预测的可用性问题和用户体验中的微小问题。

决定使用哪种方法的关键是找出需要的控制量，以便确定如何使用界面或设备。比如我们开发了一款用于青少年音乐教学的虚拟现实应用程序，我们需要了解青少年如何使用它，他们是否喜欢它，他们使用相关功能时遇到过什么问题等。这需要确定他们如何使用界面操作执行各种任务，以此来帮助决策使用何种评估手段。

9

第9章
产品设计开发流程

虚拟现实产品的开发从需求上来看可以分为两大类：一类是处于行业功能需求的项目，属于严肃的功能类应用产品，一般统称为"虚拟仿真"类应用；另一类是基于纯娱乐休闲需求设计开发的虚拟现实产品，即游戏类软件，包括PC端、手机端、头盔式显示器、视频游戏机等载体之上的游戏。无论是虚拟仿真类应用还是游戏类软件，其开发过程和原理都是一样的，有时仅是应用场景不同。本章主要介绍虚拟现实产品的设计开发过程，从理论上对整体产品设计开发过程进行梳理。

9.1 需求分析与策划

9.1.1 需求分析和概念创意

在项目的前期创意阶段可以说是对整个开发流程来说最重要的步骤，因为这将直接决定整个项目的质量和进度。首先，第一步也是最重要的一步，就是对项目的需求进行分析，这些需求主要分为两类，对于商业项目，主要为甲方的项目需求；如果只是个人创作，这种需求则主要为前期的概念创意。

1. 商业项目需求

对于商业项目，前期最重要的是进行甲方的项目需求分析。所谓"需求"是指客户的需要，这些需要被分析和确认后可以形成一个文档，用于详细说明产品预期。产品需求在不同阶段会有不同的表现形式，在初期是宽泛、抽象的需求；而到了中后期，需求则会变成详细、具体的要求和内容。用户需求可以分为功能需求、系统需求、非功能需求、约束条件等，我们可以根据客户的需求制作文档，进而确定项目的进度、成本。具体商谈需求的方式有很多，除直接访谈外，还可通过调查问卷、文献分析、原型试验、调研等获得需求及相关数据。

2. 创作需求

在进行个人创作或小型团队创作时，需求需要自主提出，一个好的创意可以直接决定一个产品的水平和质量。可以通过思维创新的小活动来提炼需求，如头脑风暴、人体风暴、海报会议、共感图、故事板等。对于这类活动，创作团队在前期创意阶段时都可以选择。当然，也可以根据项目需要自己编创更合适的思维创新活动。

在前期创意阶段，好的概念设计非常重要，其根本原因是概念设计决定了未来作品的全貌，产品的具体形象和交互都可以更改，但整个交互体验的核心设计如果不好就要整个推翻重做，这种代价是非常大的，对团队来说也是极大的打击。

9.1.2 体验机制与元素

交互体验的设计过程需要机制的规范和设计元素的合理构成，下面对虚拟现实体验设计中可能会用到的机制和设计元素进行介绍。

设计机制在数字产品设计中被称为产品机制，其中设计所围绕的核心即被称为核心机制。交互设计师的任务便是将交互体验中的一般规则转化为能被算法实现的符号和数学模型。核心机制是进行体验的基础条件和核心，它定义了一个虚拟世界的规则和运作方式，它能让交互过程产生可玩性。产品的核心机制就是用户体验产品核心的方式。

可以说**核心机制**是虚拟现实交互体验设计的"心脏"，如果不重视和没有将其设计好，则无法为用户提供愉悦的体验。Ernest Adam提出了5种机制类型：物理、内部经济、渐进、战术机动、社交互动，接下来具体介绍这5类机制。

● **物理**。此种机制类型是指使用物理运动规律作为核心机制，如移动、碰撞、跳跃等，第一人称射击类、益智游戏类等游戏大多采用此种机制。《愤怒的小鸟》就采用了这种机制类型。当然，这种物理运动规律不一定需要和现实中的相同，甚至大部分是不同的，这往往是创造可玩性的关键。

● **内部经济**。此种机制类型是指将系统内部的金币、资源、交易等经济系统作为核心，除此类显性经济元素之外，声望、荣誉、魅力值等也可作为内容经济的一种，如《大富翁》等产品均采用了这种机制。有时在体验中植入此类机制，能大幅度延长用户的体验时间并增强其沉浸感。

● **渐进**。此种机制类型即通过某种关卡或触发某个设置控制用户的进程，以产品体验为例，在很多关卡中会因某个任务封闭，而长时间无法继续，需要获得某种道具、技能或完成某个任务后障碍才会消失。

● **战术机动**。在这种机制下，用户往往可获得多种操作单位，通过配置它们不同的行为进行体验，此类机制在即时战略类产品中使用得较多，如《星际争霸》《帝国时代》等。当然棋牌类产品使用的也是此类机制。

● **社交互动**。社交不仅可以在现实生活中进行，也可以在虚拟空间中进行。虚拟空间中的社交往往成了塑造可玩性的重要方式，如馈赠礼物、组队、语言交流等社交行为都可成为增强交互体验沉浸性的重要机制。

在进行虚拟现实交互体验设计时，仅有机制是不够的，还需要配合具体的设计元素进行设计，当然这些元素是无法穷举的，如沉浸性元素、故事性元素、竞争性元素、任务性元素、动作性元素、创造性元素、解密性元素、探索性元素等，这里不逐一进行介绍，设计师可以根据需求并结合机制选用。

9.1.3 策划文档的制作

策划文档是开发的依据和规范，要如期、高质量地完成项目开发，先要制作好策划文档。当需求分析完成、概念创意被认可后，为保障团队人员了解项目中具体的设计要求，就要编写规范的项目策划文档。

一个策划文档通常由6大部分组成，包括文档目录、作品概述、交互机制、设计元素、体验进程、用户界面等。

作品概述根据设计的功用也可称为"产品概述"，是让团队或非团队成员快速了解设计目标的部分，可以包括类型、特色、故事背景、目标市场、目标用户、平台、操作方法等内容。此部分只需要大致阐述条目即可，不需详细刻画。

交互机制是描述用户行为的部分，包括全部的规则、获胜条件、操作方式、AI等，可以说此部分是整个策划文档的核心部分。在撰写时，需尽量避免过多地阐述设计元素。具体设计元素应在设计元素部分中阐述。

设计元素是作品中所有将要出现的对象的集合，也就是设计素材，这些素材经过特殊排列组合可以形成最终完整的作品。总体而言，设计元素的表述主要给程序员和美术设计师查看，美术设计师可以根据设计元素的表述画出具体的形象，程序员则会实现具体的交互功能。

体验进程部分也是文档中最长的部分，需要将所有进程中的行动、事件及它们如何发展变化表述出来，当进程表述完成后就可以将各种设计元素进行规律性组合。在产品设计中，产品进程可以按照关卡、任务、剧情、活动等方式进行控制。

在头戴式虚拟现实交互设计中，用户界面的设计与传统桌面式设计有一定差别，包括界面菜单和系统菜单两大部分。界面菜单是在体验中使用的功能性菜单，直接决定用户如何选择设计元素；系统菜单则是体验内容之外的功能性菜单，如开始、退出、设置等。

策划文档根据不同阶段的需求可分为3类。应用于开发初期的概念设计文档的字数较少，主要为提供一个概念性的轮廓，一般为2~5页；当概念设计文档获得团队认可后，便需要制作产品论述文档，该文档从6个部分详细论述设计方向，方便团队阅读和讨论，一般需要10~30页；在此基础上，需要确定所有开发细节和问题，即生成产品脚本文档，该文档将达到200页甚至更多。

9.2 开发环境搭建

在制作好策划文档之后，就可以进入开发阶段了。虚拟现实应用的开发不仅需要硬件设备的支持，还需要选用合适的开发工具，以及安装好的开发平台。

9.2.1 硬件驱动

要开发虚拟现实头戴式设备的应用，需要先在开发计算机上安装对应设备的驱动。所谓驱动，是指添加到操作系统中的由硬件厂商根据操作系统编写的配置文件代码，如果没有驱动程序，就无法在计算机上运行硬件设备。常见的鼠标、键盘、摄像头、打印机、显卡、网卡等都需要安装驱动才能运行。厂商的驱动程序也会存在漏洞，因此需要注意更新。

目前市场上的外接式虚拟现实设备如HTC Vive、Oculus Rift等均需要通过驱动程序进行启动。除虚拟现实眼镜设备外，连接计算机的人机交互接口也需要使用相关驱动程序，如Leap Motion、Kinect等。

9.2.2　SDK

软件开发工具包（Software Development Kit，SDK）是指辅助开发某类软件的文档、范例、软件框架和工具等的集合。为方便开发人员开发设备的内容，通常设备厂商都会发布一系列的帮助文档，有说明性文字，也有大量模块化的代码，开发人员可以直接使用。而为鼓励开发应用，SDK基本都是免费的，可以直接从官网下载。

聚焦到虚拟现实产品的开发上来，对于硬件虚拟现实设备，除驱动文件外，其还会有一系列相关的SDK文件。SDK文件往往会和开发工具结合使用，以主流的虚拟现实设备为例，其SDK配合使用的工具为产品引擎。现在市场上的主流引擎为Unity、Unreal两款，因此，为方便开发人员使用，发布的SDK通常是针对这两个引擎的。需要根据项目成员的倾向选择开发工具，即产品引擎，然后下载对应的SDK导入引擎中，其中包括各类程序框架和主要交互的核心代码及场景，这样可以大大缩短开发的时间。

9.2.3　开发环境

目前常用的虚拟现实开发工具是商业的产品引擎——Unity和Unreal。其不仅具有强大的实时渲染功能，还具有设计材质、灯光、动画、交互等功能，将美术素材导入其中并编辑代码，能够轻松、快速地完成一款应用的开发，且能够实现多平台发布。

1. Unity

Unity是由Unity Technologies提供的，可用于开发2D和3D产品、虚拟现实、增强现实等交互式应用。Unity拥有强大的图形引擎及功能丰富的可视化编辑器，可以帮助开发人员快速实现创意。Unity支持多平台开发，开发人员不仅可以在Windows、Linux、mac OS上利用Unity进行开发，而且开发的产品也可以非常方便地移植到主机、网页、移动设备、嵌入式系统及部分头戴式虚拟现实设备等平台。

在虚拟现实领域，Unity是市场上广泛应用的虚拟现实产品的制作平台。Unity通过内置功能及插件提供对市场上多款主流虚拟现实设备的开发支持，其中Unity Plus支持Oculus Rift、GearVR、PlaystationVR、HoloLens及SteamVR等平台。

Unity 支持的部分虚拟现实设备

在应用开发方面，Unity 使用C#作为脚本语言，在团队协作及个人开发方面均具有一定优势，开发人员无须关注底层技术，只需专注高质量的应用开发。Unity 对主流的三维格式均提供良好的支持，还拥有功能强大的可视化编辑器，降低了使用门槛，对产品设计师及美术设计师等十分友好。

随着智能移动设备的普及和其性能的提升，以及虚拟现实技术的快速发展，Unity 凭借较低的使用门槛、对多平台开发的支持、可视化的编辑器及强大的功能封装，有着广阔的发展前景。Unity 为用户提供了非常友好的交互界面，并且界面布局及某些操作与传统的三维软件非常相似。

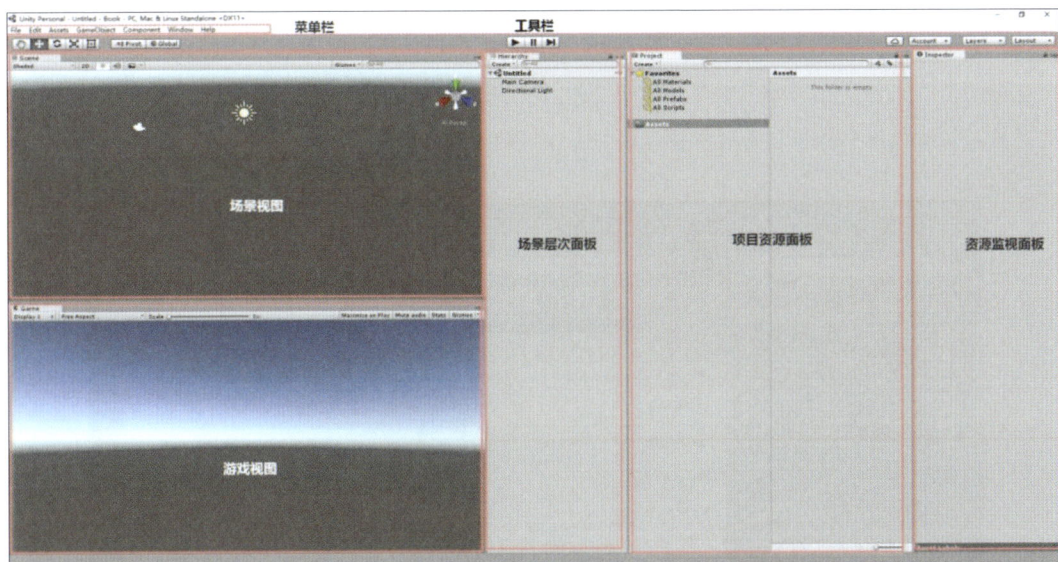

Unity 的界面

Unity 中的核心概念介绍如下。

- **游戏对象**（Game Object）。游戏对象是Unity 开发中最重要的概念之一。应用中的每个物体必须是游戏对象，但是游戏对象仅是一个容器，要想让游戏对象达到预期的目标，还需要为其添加组件。

- **组件**（Component）。每个游戏对象都包含一个或多个组件。组件用于决定游戏对象的最终表现类型及行为逻辑。可以将游戏对象看作一张空白的画纸，组件就是颜料，用户好比画笔，使用不同颜料在画纸上画出精彩纷呈的图案。组件本质上是用脚本语言编写出的脚本，Unity内置众多组件（例如Transform组件），同时，开发人员也可以根据Unity提供的脚本API来编写相应的组件。

● **场景（Scene）**。场景包含应用对象，出现在应用中的物体以场景的形式存储。一个应用由一个或多个场景构成，每个场景中都包含一定的应用内容，将这些场景按顺序组合排列就可得到一个完整的应用。

● **项目（Project）**。基于Unity开发的每个应用均为一个项目，项目是整个应用工程的统称，是Unity中每个应用的最终容器，与Unity应用开发相关的工作都在项目中进行。

2. Unreal

Unreal是Unreal Engine（虚幻引擎）的简写，由Epic公司开发，是目前世界授权最广的产品引擎之一。基于它开发的产品很多，除《虚幻竞技场3》外，还有《战争机器》《质量效应》《生化奇兵》等。除主机产品外，次世代网游领域的产品包括《剑灵》《战地之王》《一舞成名》等，用于苹果手机的产品有《无尽之剑》《蝙蝠侠》等。

Unreal中的核心概念介绍如下。

● **项目即项目的工程文件**。创建项目时会选择一个路径，在资源管理器中Unreal引擎会生成一个基础的工程文件夹，里面存放了项目开发所需要的底层基础性文件。例如，在下图中，内容浏览器的层次结构树中包含与硬盘中项目文件夹相同的目录结构。

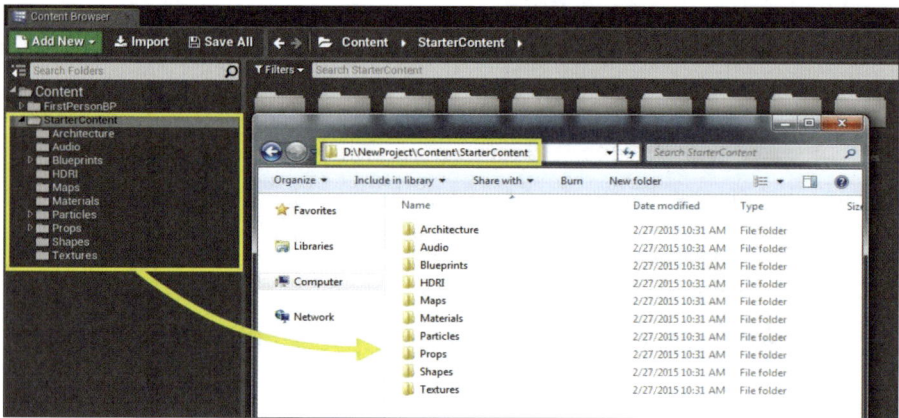

Unreal中的内容浏览器

虽然项目经常由与其关联的.uproject文件引用，但它们是两个单独的文件。.uproject文件是用于创建、打开或保存文件的参考文件，项目中则包含所有与其关联的文件和文件夹。

● **编辑器视口**。在视口中可创建关卡，其中包含多种工具和可视化查看器，可以帮助开发人员精确地查看需要的数据。

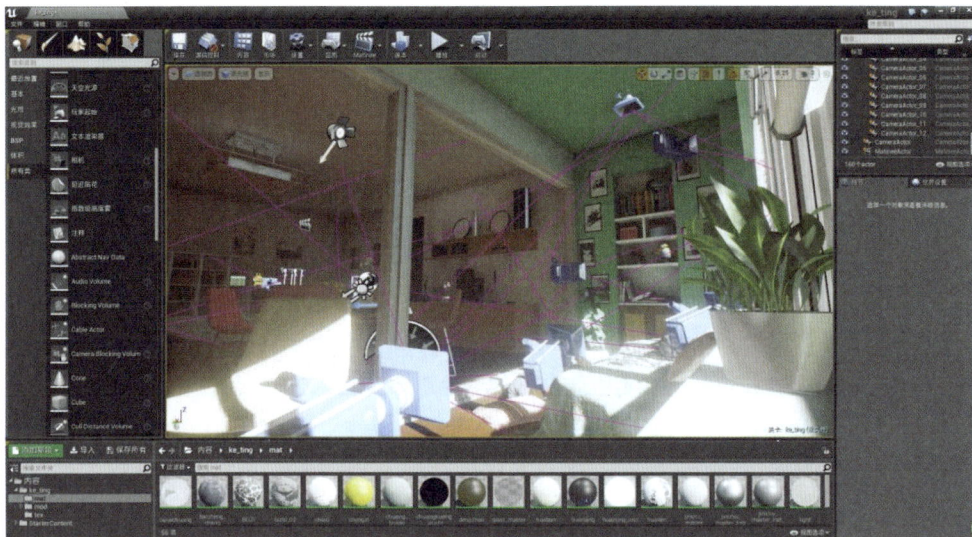

编辑器视口

● **编辑器模式**。模式面板中包含编辑器的各种工具模式。这些模式通过改变关卡编辑器的主要行为来执行特定的任务，比如在世界中放置新资源、创建几何体画刷、给网格物体着色、生成植被、塑造地貌等。

● **几何体**。创建关卡可以归结为在Unreal中向地图中放置对象。这些对象可以是几何体、以画刷形式出现的装饰物、静态网格物体、光源、用户起点、武器或载具等。在什么时候添加哪些对象通常是由关卡设计团队决定的。

● **内容浏览器**。内容浏览器用于创建、导入、组织、查看及修改内容资源。它提供了管理内容文件夹，以及对资源进行一些操作的功能，比如重命名、移动、复制及查看引用等。在内容浏览器中可以进行搜索且可以和产品中的所有资源进行交互。

● **光照**。场景光照是通过使用作为光源的光照Actor进行设置来实现的，如光源的亮度、光源的颜色等。用户可以选择以不同方式发射光线的不同种类的光源，如向所有方向发射光照的标准灯光（Unreal中称为点光源）。对于户外光照，因光源距离地面太远，看起来像定向光源的效果，故若需模拟这种类型的光照，可使用定向光源。

● **材质和着色**。材质是可以应用到网格物体上的资源，用它可控制场景的外观。材质实际上用于定义物体的表面，如颜色、光泽度等。Unreal使用基于物理的着色器模型。这意味着它使用和现实世界相关的属性定义材质，如底色、金属色、高光及粗糙度。

● **蓝图可视化脚本系统**。Unreal中的蓝图可视化脚本系统是一个完整的产品脚本系统，使用基于节点的界面创建产品体验性元素。该系统非常灵活且功能强大，提供了一般仅供程序员使用的所有概念及工具。

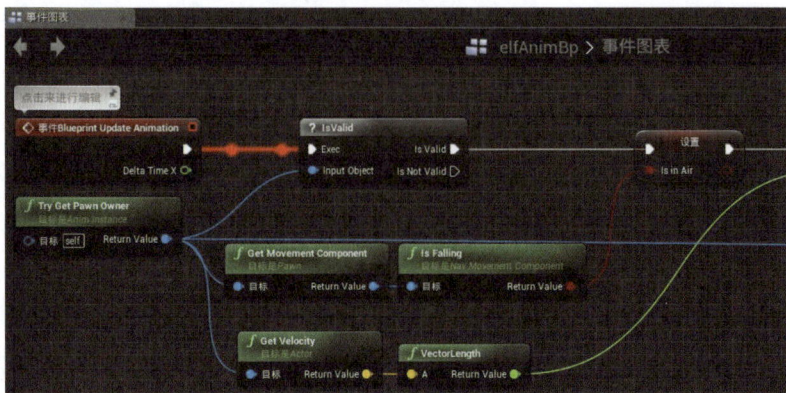

Unreal中的蓝图可视化脚本系统

● **测试产品**。使用Unreal的内置功能来测试及调试关卡及产品可玩性。使用Play In Editor（在编辑器中运行）模式，可以直接获得反馈；使用Simulate In Editor（在编辑器中模拟）模式，可以查看及操作产品中的对象；使用Hot Reload（热重载）模式，可以在产品运行过程中修改产品代码、重新编译并更新产品。

9.3　三维素材的准备

虚拟现实的核心在于虚拟场景对用户的感官刺激，那么如何打造出设计者构想的虚拟世界就成了虚拟现实产品设计的关键环节。

9.3.1　三维建模工具介绍

1. 3ds Max

3ds Max的英文全称为3D Studio Max，是加拿大Discreet Logic公司的数字解决方案。3ds Max在影视动画制作、室内设计、电视栏目制作、广告制作、产品设计等领域应用广泛，开发出了众多成功的商业产品。3ds Max为设计人员提供了一整套完整且全面的三维建模、动画、渲染及合成解决方案，并提供用于群组生成、粒子动画和透视匹配的工具。

总体而言，简单易上手是3ds Max的最大优势之一，同时它也是性价比极高的软件。很多刚入行的三维建模从业者都会先学习3ds Max。建模、贴图、绑定、动画、打光、材质、渲染、输出是3ds Max基本的工作过程。

2. Maya

Maya是美国Autodesk公司自主研发的一款三维动画软件，与3ds Max的模块、工作流程都极为相似。Maya包括建模、粒子系统、毛发生成、植物创建、衣料仿真等多个模块。

AUTODESK® MAYA®

Maya的Logo

Maya的应用领域也很广泛。在影视制作方面，使用Maya能够创建逼真的动画影像。数字三维技术丰富了电影的叙事手法和创作形式，如《指环王》《星球大战》《玩具总动员》《少年派的奇幻漂流》等影片均是通过Maya制作的。在视频产品制作方面，使用Maya可以制作出复杂的三维模型，进行细腻的贴图纹理和灯光设置，实现引人入胜的视觉效果。

3. Blender

与前面介绍的3ds Max、Maya不同，Blender是一款开源的、跨平台的三维动画制作软件，提供建模、动画和材质创建、渲染、音频处理、视频剪辑等一系列动画短片制作的解决方案。

Blender 的 Logo

1988年，Ton Roosendaal与人合作创建了荷兰最大的三维动画工作室NeoGeo。7年之后，他发现工作室的动画软件老旧且操作复杂，效率低下，决定开发新的动画软件，Blender项目于1995年正式启动。后来，NeoGeo经营不善，新的投资人决定停止Blender项目。虽然当时的Blender存在内部结构复杂、功能不全、界面不规范等问题，但用户们的购买热情让Ton Roosendaal没有就此放弃Blender。后来成立的非营利组织Blender基金会挽救了这一项目，Blender基金会买下Blender的产权后便进行了开源发布。

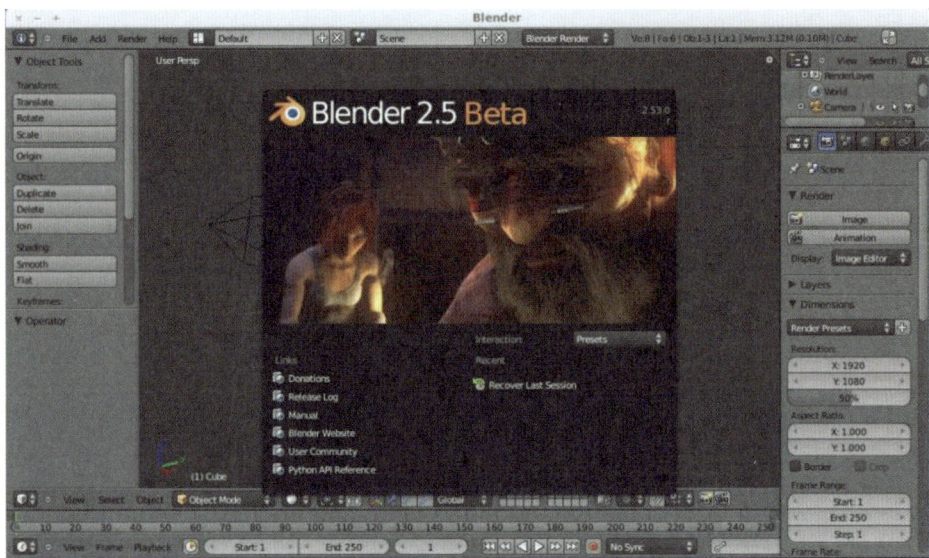

Blender 的界面

Blender与Autodesk公司的建模方案相比，有很多不同，具体如下。

第一，编辑工作流。Blender并不支持可返回修改的节点式操作，因此任何物体创建完成或者编辑命令执行完毕后，其参数不可以返回修改。如果需要修改，只能先撤销某一步，修改完毕之后，再重新进行一遍后续的所有操作。

第二，雕刻与纹理绘制系统。Blender的笔刷都是基于屏幕投影进行操作的，并不存在法线笔刷，所以在操作方式与手感上和一般基于法线笔刷的雕刻类软件或纹理绘制类软件有很大区别。

第三，Blender的毛发系统是基于粒子的，因此当毛发要产生碰撞动画时，需要借助力场物体进行模拟，从而制作假碰撞效果。

4. Cinema 4D

Cinema 4D是由德国Maxon Computer公司开发的三维模型表现软件，具有极高的运算速度和强大的渲染插件。影片《阿凡达》使用Cinema 4D制作了部分场景。Cinema 4D作为一款具有三维建模功能的软件，其诸多功能模块在同类软件中表现突出。

Cinema 4D 的 Logo

5. Rhino

Rhino的中文名称为犀牛，是由美国Robert McNeel公司于1998年推出的一款强大的专业三维建模软件。该软件本身体量非常小，一般为20MB左右，对硬件配置的要求也非常低，最低配置为Windows 95操作系统和ISA显卡，能输出OBJ、DXF、IGES、STL、3DM等三维文件格式，包含很多NURBS建模功能。因此它常被用来建模，然后导出高精度模型给其他三维软件使用。Rhino只能作为建模软件使用，因为它的渲染能力较差。

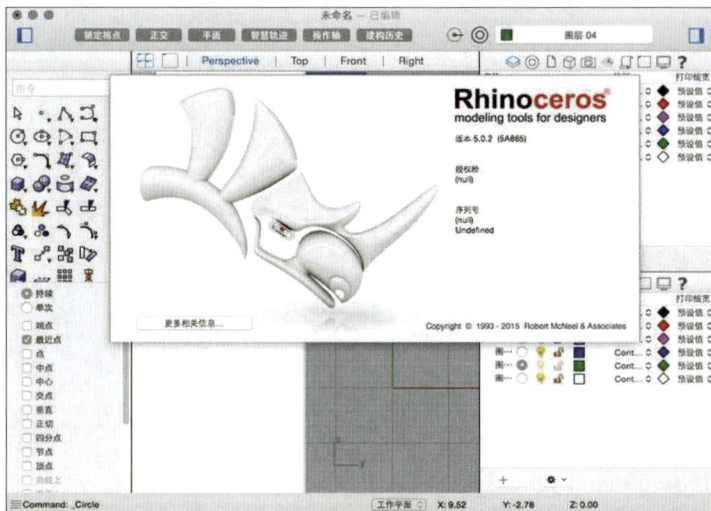

Rhino 的界面

6. 数字雕刻软件

数字雕刻是指利用计算机进行虚拟的雕塑艺术创作。数字雕刻软件能够模仿现实手法进行雕塑，业内常用的数字雕刻软件有ZBrush、Mudbox等。此类软件常用来烘焙法线贴图，尤其在产品领域，由于显卡、CPU等的限制，每秒渲染的帧数有限，如果模型面片数过多，容易造成产品的卡顿，为了既能保证模型的外观质量又能使产品流畅运行，通常采用将高模的法线贴图烘焙到低模上的方法。因此，可将使用建模工具制作的三维模型导入ZBrush等软件中进行处理，然后将其法线贴图导出。

ZBrush是一款由美国Pixologic公司推出的数字雕刻和绘画软件，其直观的工作流改变了整个三维行业，推出后成为影视、动画等领域的热门工具。它不仅能够与3ds Max、Maya等主流建模软件结合使用，而且提供UV Master等一系列的高效插件，用户可以通过不同的笔刷雕刻模型，使模型具有精细、逼真的纹理，此外，它还具有支持高达10亿面多边形模型的雕刻能力。

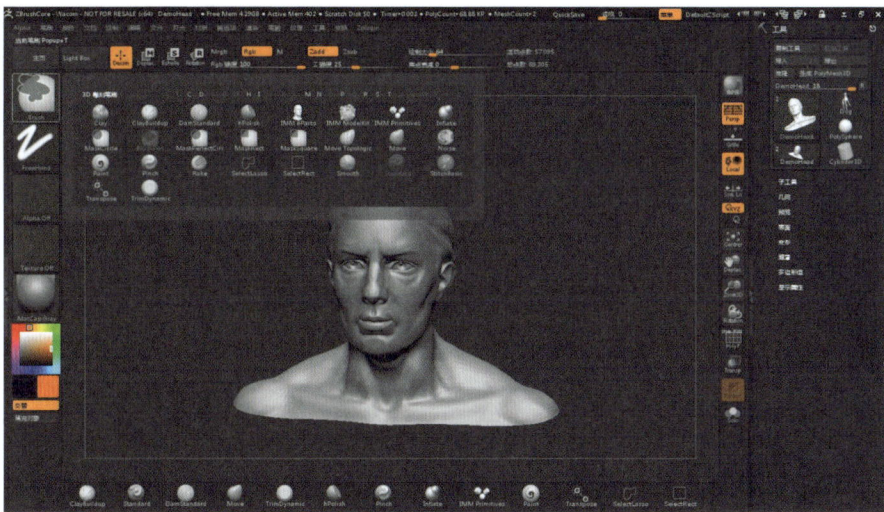

ZBrush的界面

在业界拥有较高知名度的数字雕刻软件还有Autodesk公司推出的Mudbox，它具有直观的用户界面和高性能的创作工具，其基本操作方式与Maya相似。

3ds Max从操作界面到具体工具都非常适合初学者，并且大量的第三方插件使其使用更加方便快捷。与3ds Max相比，Maya对外部插件的依赖性没有那么强。在建模、创建动画，以及软件应用速度上，Maya都更出色。Maya支持用户自己编辑一些插件来使用，稳定性更好，工作流更科学、规范。Rhino体积小，几乎能够在所有平台使用，对于基础低模的制作很有优势，但在渲染、动画方面的功能有限。数字雕刻软件主要用于制作精细化模型，增加模型的纹理，或者为模型制作用于烘焙的贴图。国内建模工具大多选择3ds Max和Maya，市面上有大量的相关教程供开发人员学习，遇到问题时较易找到解决方案。

9.3.2 制作三维模型

虽然不同的三维软件的开发公司不同，但模型制作原理基本相同。下面以Maya为例，介绍如何利用建模工具制作三维模型。

制作一个三维静态网格模型通常要经过两个阶段：建模阶段、材质与贴图阶段。在Maya中有多边形（Polygon）建模、NURBS建模和细分曲面建模等建模方式，每种建模方式各有优劣，通常会结合使用这几种方式来创建模型，下面进行具体介绍。

1. 多边形建模

多边形建模技术是在交互艺术领域中最常用的建模技术之一，它用三角形面来构成多边形以模拟曲面，从而制作出三维物体。大多数情况下，在建模工具中多为四边形建模，这其实是系统自动将共享的一边隐藏了起来，大部分产品引擎如Unity，会将隐藏的边显示出来。多边形建模的优点是快速、简单、方便，可以如同捏泥塑一样创作出需要的模型。

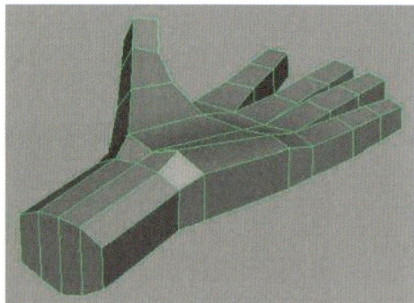

多边形建模

多边形建模是目前应用广泛的一种建模方式。多边形建模通过多边形创建各种三维模型，多边形是一种表面几何体，它可由一系列的多边空间几何表面构成，这些几何表面都是直边面，这与NURBS圆滑结构有着本质的区别。

构成多边形的基本元素是顶点、边和面。顶点是构成多边形对象的最基本元素，多边形的每个顶点都有一个序号，并且该序号是唯一的，序号之间是连续的。边是顶点之间的连接线段，在渲染的结果中，多边形的外轮廓线均为折线。面在多边形模型中是将3个或3个以上的顶点用直线连接形成的闭合图形，它可以是三角形，也可以是四边形。在Maya中，在物体上单击鼠标右键，通过快捷菜单中的命令能对各元素进行切换选择。

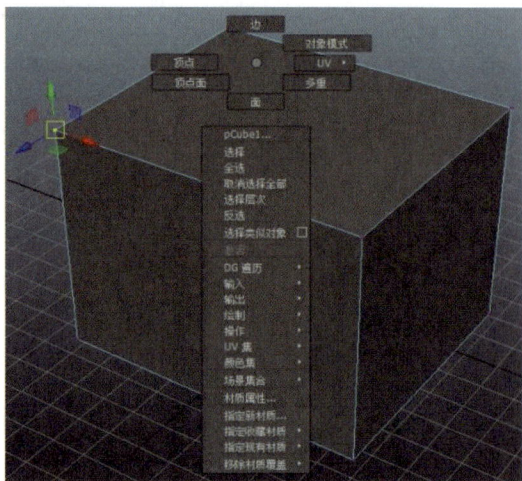

切换选择各元素

在进行多边形建模时需要注意以下几点。

● **把握整体与细分**。在多边形建模中需要关注的是物体的基本形体与细分量，也就是模型塑造从简单到复杂、从整体到局部的过程。任何形体都有其基本形，需要对复杂的形体进行简化，这样才能更好地把握整体的造型。细分量的设置要合理，否则会影响模型的编辑。

● **创建对称结构**。在建模过程中经常会碰到一些结构对称的物体，比如工业造型、角色等。制作这种模型的有效方法是创建模型的一半，然后镜像复制出另一半来完成整个模型的制作。可以通过特殊复制（Duplicate SF）命令设置相应轴向的递缩放来完成模型的镜像复制，也可以通过

Mesh（网格）→Geometry（镜像几何体）命令完成对应的形体复制。

- **多边形法线**。多边形中的法线决定面的朝向，当对象中的多边形法线方向不统一时，会造成贴图不能正确显示、模型无法合并、动力学计算错误等问题。Maya中专门为法线定义了Normal（网格显示）菜单，其中比较常用的命令有Reverse（反转法线）、Conform（统一法线）、Soften Edge（软化边）、Harden Edge（硬化边）等。

2. NURBS 建模

NURBS建模的过程可分为NURBS曲线建模、NURBS曲面建模。NURBS曲线建模是NURBS建模的基础，也是NURBS曲面建模的前提。NURBS曲线建模与NURBS曲面建模使用的命令有一定的相关性。

在"菜单选择器"下拉列表中选择"曲面"选项，NURBS曲面编辑菜单主要有3部分：编辑曲线（Edit Curve）、编辑曲面（Edit Surface）和编辑NURBS。编辑曲线部分主要包括曲线编辑的相关命令，编辑曲面部分主要包括由曲线生成曲面的相关命令，编辑NURBS部分主要包括曲面编辑的相关命令。

NURBS 的菜单栏

在通常情况下，通过"CV曲线工具（CV Curve Tool）"或者"EP曲线工具（Edit Point Curve Tool）"命令来创建曲线。如果只需要大致定位控制点，然后进行调整，那么可以使用"CV曲线工具"命令；如果需要特定的控制点位置，那么使用"EP曲线工具"命令把曲线放置在单击点的位置。曲线的CV点将根据编辑点的位置创建。左侧曲线为根据红点（CV点）的位置创建的曲线造型，右侧曲线为根据黄点（EP点）创建的曲线造型。

在创建曲线的过程中要考虑结构的合理性，造型结构缺乏合理性将影响曲线造型的效率，从而影响渲染的速度。两条曲线有相同的形状，但曲线1拥有的CV点比曲线2多很多，从使用的有效性来说，显然曲线2更好，且对于曲线来说，CV点越多，则越难保持平滑性。

对于构造不合理的曲线，可选择"编辑曲线（Edit Curves）"→"曲线重构工具（Rebuild Curve Tool）"命令来进行曲线有效化调整。控制曲线的重建类型，可以重建曲线结构，设置段的数量可以重新调整曲线点的数量，度数用于控制曲线的平滑度等。

NURBS曲面模型比多边形模型更容易控制表面的平滑度，也更容易控制表面的精细度。在渲染前，可以根据不同的渲染要求，自由调整渲染精度，节省渲染时间。

3. 细分曲面建模

细分曲面建模作为一种新的建模手段，具有NURBS建模和Polygon多边形建模的优点。细分曲面建模同 NURBS 建模一样具有平滑的曲率，同 Polygon 多边形建模一样可以任意拓扑。此种建模方式以细分性见长，能够轻松地在局部不断提高细分层次，使用户可以在高精度细分的状态下进行模型雕刻，并且能够在高、低两种细节显示级别间灵活切换，从而在不增加整体模型细节的基础上，增加局部细节。

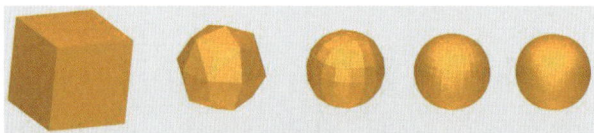

球体的细分示例

在 Maya 中进行细分曲面建模的方式有两种。一种是直接创建具有细分物体表面的基本物体，可以在"曲面（Surfaces）"模块下，通过"细分曲面（Subdiv Surfaces）"工具创建需要的模型几何体。

Maya 中的"细分曲面"工具

另一种是在将多边形模型或 NURBS 模型转换为细分曲面模型，然后进行编辑，具体的方法是选择"修改（Modify）/转化（Convert）"＞"多边形到细分曲面（Polygons to Subdiv）"或"NURBS 到细分曲面（NURBS to Subdiv）"命令。

总体而言，Maya 与 3ds Max 中的细分曲面建模功能并不成熟，一般只在 Maya、3ds Max 中制作静态低模，然后将低模导入 ZBrush 等数字雕刻软件中进行细分雕刻。

4. 材质与贴图

当模型制作完成后，需要为其添加材质。材质可以为模型增添光泽、颜色、凹凸、纹理等特性，使其更具真实感和生动性。

Maya 中有多种材质可以选择，较常用的有 5 种：Blinn 材质适用于表面光滑且有高光的物体，如金属、人的皮肤等；Lambert 材质常用于表现自然物体，如岩石、木头、砖体等；Phong 材质有明显的高光区，适用于湿滑的、表面具有光泽的物体，如玻璃、水滴等；Phong E 材质比 Phong 材质多一些控制反射的参数；Anisotropic 材质用于具有细微凹槽的表面的模型，镜

使用默认材质的物体（左）及添加其他材质的物体（右）

面高亮与凹槽的方向接近垂直，如头发、斑点、CD 光盘、切割的金属表面。

每种建模工具几乎都有自己的材质制作方法，同样，产品引擎的材质制作方法也不尽相同。Unreal

拥有一套完善的材质系统，能够通过蓝图可视化脚本系统制作需要的材质，无论是逼真写实还是卡通渲染都能够轻松实现。Unity也拥有自己的渲染方法，也就是着色器的编写。着色器是用来控制可编程图形渲染管线的程序，开发人员可通过编写不同的着色器来实现需要的渲染效果。Unity内置的着色器超过80个，开发人员可以对其进行拓展或重新编写。

为防止3D建模工具中的材质系统与产品引擎中的材质系统冲突，一般采用两种方式制作材质：对于材质较单一、简单的模型直接调整材质球的颜色等属性；而对于拥有较复杂外观的模型则使用贴图制作材质，在将模型导入产品引擎后再利用贴图重新制作材质球并赋予模型，大部分产品引擎会在导入模型时自动生成材质球。

贴图直接决定模型的表现效果，贴图越大，表现出的内容越细致，产品引擎加载模型的速度也就越慢。通常为了提高加载速度，防止渲染时出现卡顿，会尽可能为多个模型使用同一个材质球，这时需要将多个模型的贴图烘焙到一张图片中。常用的图片有两类：矢量图和位图。在制作模型贴图时使用的是由像素构成的位图，常见的图片格式有TGA、PNG、BMP、DDS等，JPG和JPEG也可以使用，但由于它们没有透明通道，压缩率过高，通常不采用这两种格式的图片作为贴图。模型贴图常用的主要有3种：颜色贴图、高光贴图、法线贴图。

• 颜色贴图包含模型的色彩信息，能够呈现出物体的固有色。在制作卡通风格的模型时可制作颜色贴图。

• 法线贴图也被称为凹凸贴图，能够在不改变模型轮廓线的前提下，尽可能表现出更多的细节。法线贴图通过RGB颜色通道来标记法线的方向，每个平面的像素拥有不同的值，包含不同的细节信息，从而在模型表面创建出多种立体视觉效果。目前很多产品模型均将具有细节信息的高模烘焙成法线贴图，然后将其赋予低模，使之具有高模的效果，从而达到最优的渲染效果。

• 高光贴图一般只包含黑色、白色、灰色信息，在产品中运用实时光照技术时，用于表现模型的光照信息。高光贴图决定模型吸收光线的多少，从而借此表现模型的材质属性。

模型贴图的绘制分为以下3个步骤。

（1）展开UV，即将三维线框的模型展开成二维形式。一般三维软件中会有UV编辑器，在Maya中的"多边形"模块下，选择"编辑UV" > "UV纹理编辑器"命令即可。选中有UV的模型，即可观察它们的UV纹理图像。另外，ZBrush等数字雕刻软件还内置了自动展模型UV的插件UV Master，可实现一键展开模型UV，但这种插件的UV展开效果往往不尽如人意，又无法调整，因此只有模型较简单或工期过于紧张时才会使用。

（2）绘制UV贴图。将展开好的UV贴图导出为TGA等格式的图片，然后使用绘图软件对其进行绘制，如Photoshop、Painter、SAI等。绘制完成后，保存UV贴图。

（3）将绘制好的UV贴图重新赋予模型。一般要在建模软件中新建材质球，然后编辑材质球，将制作的颜色贴图、高光贴图、法线贴图等放置于不同的通道，并将材质球赋予模型。

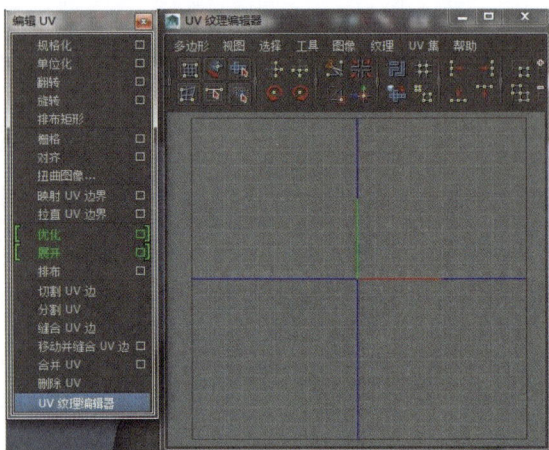

UV编辑器

将UV贴图赋予模型

5. 三维动画制作

通常我们所看到的动画，都是由一系列的静态帧按照指定的时间和序列移动，利用眼球的视觉暂留原理实现的。动画的种类有很多，如关键帧动画、运动路径动画、变形动画、约束动画、骨骼动画等。

- **关键帧动画**。关键帧动画是指在不同的时间点，将动画物体的特征记录下来，并根据各关键帧之间的动画差异自动补全普通帧动画的一种动画制作方法。

- **运动路径动画**。在制作飞机飞行、皮球弹跳、蝴蝶飞舞等动画时，常用的就是运动路径动画。运动路径动画可以使模型沿着固定的曲线平滑移动。在制作运动路径动画时，可以利用一条NURBS曲线作为运动路径来控制模型的位置和旋转角度。多边形模型、NURBS曲面、细分曲面模型、摄影机、灯光、粒子等都可利用运动路径生成特殊的动画效果。

- **变形动画**。在制作植物生长、人物表情变化、水滴滴落等动画时，单纯的运动路径动画已不能满足需求，一般会用变形动画。在Maya中，用变形器控制变形效果，控制点包括顶点、多边形顶点和晶格点。多边形表面、NURBS表面、NURBS曲线和晶格等都是可变物体。

- **约束动画**。使用约束（Constrain）动画可以将某个对象的位置、方向、比例约束到其他对象上。当然，也可以利用约束对象在模型上添加特定限制，并使动画过程自动进行。在制作约束动画时，基本的元素是目标对象（Target Object）和被约束对象（Constrained Object）。在Maya中创建约束的方法是选择目标对象，然后选择被约束对象，接着使用"约束（Constrain）"命令。Maya中提供了多种约束类型，包括点约束（Point）、目标约束（Aim）、方向约束（Orient）、缩放约束（Scale）、父对象约束（Parent）、几何体约束（Geometry）、法线约束（Normal）、切线约束（Tangent）、多边形点约束（Point On poly）、最近点约束（Closest Point）和极向量约束（Pole Vector）。

- **骨骼动画**。骨骼动画也被称为角色动画，是三维动画制作中较复杂的一种动画类型，即通过为模型绑定骨骼来控制模型运动的一种动画制作技术。其中，核心技术就是骨骼装配技术和角色蒙皮技术。

Maya中完整的骨骼包括3个部分：FK骨骼、IK骨骼、控制手柄。其中最重要的是FK骨骼，可以旋转骨骼中的各个关节并设置关键帧，FK即"正向动力学"。一般对于产品模型来说，只制作FK骨骼和控制手柄，因为很多引擎不支持IK骨骼，并且IK骨骼很容易与引擎原有动画系统冲突。IK即"反向动力学"，IK骨骼的特点是依靠控制器直接将骨链端点的骨骼移动到目标点，而不需要像FK骨骼那样逐个移动关节点。控制手柄是绑定在关节上的，对于一些关键的关节，在制作动画时需要进行旋转、移动等，由于单一的关节较小，很难控制，为了方便在制作动画时调整骨骼，就利用NURBS曲线作为控制器，将其绑定在一个关节或一组关节上。骨骼的主要功能是运动、支持和保护身体。在制作骨骼动画时通常不会完全按照现实中生物的骨骼数量来创建角色，而是只制作关键的骨骼。每个关节可以连接一个或多个骨骼，关节可以控制骨骼的移动和旋转。无论是骨骼还是关节都不会被渲染出来，所以在创建骨骼时，骨骼露在模型外面也是没有关系的。

骨骼之间具有父子关系，创建的所有骨骼会形成一个肢体链，多个骨骼可能具有同级关系，最终形成一个树状结构的关系图。其中，第一根创建的骨骼被称为"根骨骼"，其余所有骨骼的层级都在根骨骼的层级之下。

骨骼的命名要规范、严谨。动物的骨骼系统较复杂，要根据不同的运动规律创建不同的骨骼系统。一般应用于互动娱乐产品中的模型骨骼不会过于复杂。

9.4　虚拟环境的构建

根据虚拟世界表达方法的不同，可将虚拟世界的构建方式分为两种：基于三维建模技术和基于全景技术。

9.4.1　基于三维建模技术

虚拟现实体验的核心在于虚拟环境对用户的感官刺激，那么如何打造出设计者构想的虚拟世界就成了虚拟现实产品设计的关键环节。

三维环境中的物体通常采用经典的几何面片方式进行表达。右图中（左）所示为一个真实感的三维场景；右图中（右）所示则显示了该场景背后几何数据的真实面目，所有物体，包括地上的小草、树木、远处的山峦、天空、云朵等，全都是由几何面片组成的。

三维自然场景渲染图　　三维自然场景模型面片显示

9.4.2 基于全景技术

1. 全景技术的含义

全景的英文单词Panorama源自希腊语，意为"视野中的所有景色"。18世纪末，英国画家Robert Barker为了描述他的画作《爱丁堡风景》和《伦敦风景》，创造了Panorama一词，它是对物体世界的广角描述。全景创作逐渐被广泛运用在绘画及摄影作品中。

《伦敦风景》

三维全景（Three Dimensional Panorama）技术是在全景图像的基础上表达虚拟世界的虚拟现实技术，是虚拟现实技术的一个重要分支。该技术主要利用逆投影技术将全景图像投影至几何体表面，然后进行一定的视角补偿及畸变修正，进而展现出三维空间场景。它通过真实或虚拟的相机，将目标对象周围的三维空间进行捕获并最终拼接转化成二维图片。得到的二维图片通过特定的播放技术，让用户可以与其进行动态交互，身临其境般地多角度动态浏览场景。

与基于三维建模技术的构建方式不同，基于全景技术的构建方式并不对三维场景中的一个个物体进行几何面片的构建，而是对整个场景进行多角度摄像，根据得到的图片或视频生成一个允许用户自由观看或漫游的展示环境。这种方式最典型的代表就是全景图，其主要过程：首先由用户绕一固定点旋转拍摄场景，得到一个具有部分重叠区域的图像序列，将这个图像序列拼接起来，组成一幅更大的画面；将拼接后的整幅画面变形投影到一个简单几何体（如圆柱体、球体或立方体）的表面上，构成一幅全景图像；将视点设置在简单几何体的中央，即可实现对周围环境的360°自由观看。如果拍摄和拼接的是视频，那么就可以生成全景视频。

2. 全景的分类

根据制作方式的不同，全景大致可分为两类：一类是真实全景，一类是虚拟全景。利用摄像设备对现实世界进行多角度图像采集，经拼接合成后形成的就是真实全景。而利用三维软件，如3ds Max、Cinema 4D、Maya等，通过特殊的虚拟相机及制作技巧制作出的就是虚拟全景。根据全景的制作方法及其外在表现形式，全景可分为柱体全景、球体全景、立方体全景及对象全景等几种类型。

- **柱体全景**。柱体全景是最简单的全景类型之一，可以将周围的世界想象成一个圆柱体，而我们处于这个圆柱体的中心，我们水平环顾一周看到的图像就是柱体全景。

柱体全景的图像采集非常方便，通过普通的数码摄像设备或手机即可完成。拍摄柱体全景时要将摄像机固定在场景中心，在拍摄时，摄像机以自身为中心点旋转一周并在此过程中不断拍摄，最后拼接起来的图像就是柱体全景图。

柱体全景的水平视角可以达到360°，但其垂直视角并没有达到180°。在播放器中浏览柱体全景时，可以自由地水平环视场景，但垂直视角受到了限制，无法看到场景中的顶部和底部。

● **球体全景。** 将周围的环境看作一个球体，我们处于球体中心，我们不仅可以水平环绕一周观看场景，而且可以在垂直方向上对场景进行观察，此时，我们所看到的图像展开来就是球体全景图。其拍摄过程与柱体全景图类似，不同的是，需要对场景的顶部和底部进行拍摄。

球体全景不仅水平视角达到360°，其垂直视角也要达到180°。在播放器中浏览球体全景时，不仅可以自由观看水平场景，还可以在垂直方向上自由观看。同等条件下，其观看体验要优于柱体全景。

但是，球体全景的制作方法比柱体全景的制作方法更复杂。一张好的球体全景图，无论是图像采集还是后来的拼接工作，工作量都要多于制作柱体全景图的。即便使用某些可自动生成球体全景图的设备，由于球体全景图需要将获取的平面图像转化为球面图像，而球面为不可展曲面，其转化过程也非常复杂。

● **立方体全景。** 立方体全景是指将图像投影到立方体的6个表面上，其每个表面上的图片都是水平视角、垂直视角均为90°的正方形图像。当我们处在立方体中央对周围环境进行观察时，若我们的每个视角都得到了一定补偿，那么会看到与柱体或球体全景类似的效果。

立方体全景的图像采集难度较高，由于其对每张图片的拍摄角度及距离都有较高的要求，因此立方体全景图在拍摄时需要借助专业的拍摄工具，在水平及垂直方向以90°为间隔拍摄6张照片，将6张照片按照立方体的6个表面无缝拼接后，即可获得立方体全景图。其可视角度可达到水平方向360°、垂直方向180°。

● **对象全景。** 对象全景是指以目标对象为中心，摄像机围绕其旋转360°拍摄细节部分，得到最终照片，生成相应图像；或者摄像机不动，将目标对象旋转360°，摄像机均匀且持续拍下多张照片，生成相应图像。生成的图像经过进一步加工后，可从多个角度欣赏目标对象的细节。

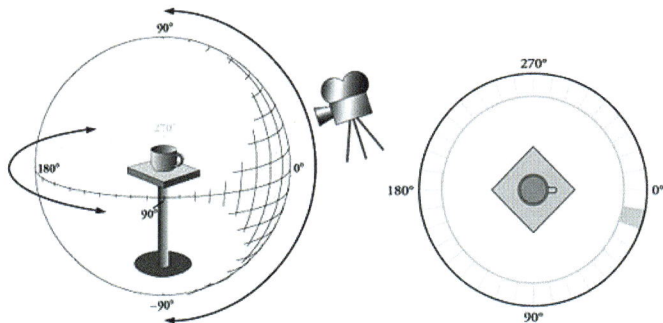

对象全景拍摄示意

3. 全景图和全景播放技术

在日常生活中，很多人经常把全景图和全景图播放技术混淆，认为全景图本身有可交互浏览的特性。但其实所谓全景图，仅仅是一张二维图片，其本身并没有任何的交互性，也无法实现经常用到的拖动、旋转、浏览等常规操作。

真正让全景图实现可交互的是全景图播放技术，可以将其理解为全景图播放器。全景图播放器是实现用鼠标拖动浏览全景图的支撑，是全景图实现交互的基石。

目前市场上的全景图播放器众多，针对不同平台有对应的播放引擎。计算机端的全景图播放器一般可以自行选择图片进行播放，若无特殊需求，不需要将全景图封装至全景图播放器中。而网页端和移动端播放一般需要将全景图封装至特定的全景图播放器，才能进行互动浏览。目前网页端比较成熟的是基于Flash的播放技术，大部分的全景图在线浏览的背后支撑技术均是Flash。但随着移动互联网市场的需求爆发，基于HTML5及JavaScript的播放引擎技术也愈发成熟。

9.5　交互系统的实现

虚拟现实交互系统的编程包含两大部分。

第一部分又分为两个小部分。其一是实现对输入动作的捕捉，例如按计算机键盘上的某个按键、单击鼠标、扣动体感枪扳机键、按头戴式虚拟现实设备配套手柄按键等。其二则是实现虚拟世界中所有可交互事物在接收用户的输入动作后状态的变更和反馈效果的输出。例如用户按W键后，角色向前行走，"行走"是角色状态的变更；开始播放行走动画，并通过图形渲染的方式显示在屏幕上，则是反馈效果的输出。

第二部分是虚拟世界的运行系统，它和输入媒介无关，在基于任何一种技术的交互系统中，都能够以相同的思路进行编程。第一部分完全和硬件技术相关，在确定产品设备后，需要学习设备对输入动作的捕捉方式。

在虚拟现实交互系统中，用户一般以第一人称视角漫游场景，开发人员可以调用引擎的第一人称控制器，不过角色控制器的默认控制方式是通过计算机键盘进行操控，而体验虚拟现实项目时，还可以使用头戴式虚拟现实设备配套的手持设备、主机手柄、全向跑步机等进行场景漫游，如需使用除键盘外的其他设备，开发人员需将引擎与这些设备连接，并通过脚本编程来实现对输入动作的捕捉。

此外，部分虚拟现实设备，例如HTC Vive，则可以直接通过位置感应来将用户的真实漫游同步至虚拟世界，用户只有在现实环境中行走才可控制虚拟角色漫游于虚拟世界中，此时无须调用引擎的角色控制器，也无须开发人员进行额外编程，只需将设备关联引擎。

输入设备Omni

9.6　测试与发布

虚拟现实产品开发的最后一个阶段是测试与发布。产品设计完成后需要经过严密的测试，以发现其在整个设计过程中存在的问题并加以纠正。测试的过程分单元测试、组装测试及系统测试3个阶段。

- 单元测试是指对软件中的最小可测试单元进行检查和验证。总的来说，单元就是人为规定的最小的测试功能模块，是开发过程中要进行的最低级别的测试活动。而单元测试中"单元"的含义要根据实际情况去判定，在图形化的软件中它是指一个窗口或一个交互行为的实现。对虚拟现实应用来说，需要测试的是策划文档中的体验进程的部分，需要对每一个进程、行为触发、关卡摆放、交互实现等进行验证，以确定实现效果。

- 组装测试也可称为集成测试或联合测试，是单元测试的逻辑扩展。其最简单的形式之一是两个已经测试过的单元组合成一个组件，组件可以组成模块，测试它们之间的接口。将构成进程的所有模块一起测试，最后还要测试构成系统的所有模块组合能否正常工作。在确定前面单个的体验单元功能全部实现之后，需要确定各单元之间的接口是否正常。以产品设计为例，比如测试了产品中的坐骑可以正常行动，以及坐骑装备的道具能够正常使用，那这两个单元之间的连接是否能实现就需要在这个阶段进行测试。

- 系统测试即对整个产品进行整体性测试，将硬件、软件、操作人员看作一个整体，检验它是否符合设计策划书中的设定。通过这种测试可以发现系统分析和设计中的错误。如安全测试是测试安全措施是否完善，能不能保证系统不受到非法入侵；压力测试是测试系统在正常数据量以及超负荷数据量的情况下是否还能正常地工作，如多个用户同时存取数据。

针对虚拟现实应用设计的特点，结合数字产品的测试方法，上面的测试过程属于技术内测的过程，即程序人员检测软件功能及实现情况，也被称为Alpha测试；在技术测试完成之后会进行内测，该测试也被称为Beta测试，即在正式上线前招募众多用户进行测试来检验设计效果。

在测试中主要的测试方法有白盒测试和黑盒测试两种。

白盒测试又称为结构测试、透明盒测试。白盒是指盒子是可视的，可看清楚盒子内部的东西以及它们是如何运作的，可以全面了解程序内部的逻辑结构，对所有逻辑路径进行测试。在使用这一测试方法时，测试者必须检查程序的内部结构，从检查程序的逻辑着手，得出测试数据。黑盒测试也称为功能测试，是指把程序看作一个不能打开的黑盒子，在完全不考虑程序内部结构和内部特性的情况下进行测试，检测每个功能是否都能正常使用。黑盒测试着眼于程序外部结构，不考虑其内部逻辑结构，主要针对产品的界面和功能进行测试。

在最后的测试过程中，需要制订详细的测试计划并严格按照测试计划进行测试，以减弱测试的随意性。虚拟现实产品的测试还需要根据其本身设计的特点制订测试方案，如眩晕测试、帧频率测试、定位测试等。

第3篇
虚拟现实产品设计案例

　　本篇主要通过两个项目案例讲解虚拟现实产品设计开发的整个流程，包括航空维修虚拟仿真项目和虚拟现实美术馆项目。通过这两个项目，读者可以了解严肃功能向应用和休闲娱乐向应用在设计开发上的不同。同时，通过第二个项目，读者可以全面了解项目开发的整个流程及方法。由于项目的负责团队不同，其工作流程和方法也不完全相同，本篇介绍的方法经验仅供学习参考。

10

第10章
航空维修虚拟仿真

本章将通过一个沉浸式航空维修虚拟仿真项目原型案例，讲解产品设计师设计策划工作开展的具体情形和方式。本项目是航空专业虚拟仿真教学软件开发项目，具有完整的开发设计原型和方案，限于篇幅，本书仅选取部分核心内容进行展示。

10.1 需求理解

10.1.1 建设背景

随着我国民用航空行业的发展，民航飞机维修人才的需求日益增加，相关专业人才培养迫在眉睫。航空维修专业因为其特殊性，在实际教学过程中面临重重挑战和困难，主要包括以下几个方面。

- 教学装备是真实的飞机，造价及维护使用成本过高。
- 国内相关教材资源相对匮乏。
- 动手实操能力要求高，传统个人计算机桌面操作实验无法满足需求。
- 软硬件设备作为教学道具无法与教学相适应（设备型号、机型等）。

10.1.2 需求描述

针对民用航空客机起飞前的准备流程、技巧、注意事项进行实操，通过虚拟现实技术对真实工作中涉及的设施、设备数据进行1∶1仿真还原；通过虚拟现实设备及沉浸式交互手段模拟操作步骤，以实现低成本、高安全性、高沉浸性的仿真效果。这在日常教学中可满足关键的实践操作需要。

虚拟三维航空客机模型

10.1.3 需求分析

1. 环境模拟

本项目是对民用航空客机的前置筹备工作环境进行仿真，要达到应用于教学的仿真度及可操作性，需要解决环境搭建的高清、真实光源及材质模拟等问题。

2. 互动需求

在交互操作上，要尽可能满足互动的真实性，减弱交互的抽象性，同时输入设备与显示设备应匹配并能够实现在引擎中进行开发的底层基础。同时，需要考虑教学环境的实际条件及批量采购的需要，选用的硬件设备成本不能太高。具有定位功能的设备可在同一空间内供多组设备同时使用，且不会相互影响。

学生在课堂上使用头盔式显示器

3. 多输入方案

本虚拟仿真软件是应用于日常教学的数字教学装备，应考虑不同人机接口使用的便捷度，提供多种输入方案，确保在不同应用环境下均能实现软件操作和应用，而不影响课程进度和实践效果。

10.2 总体设计

10.2.1 整体架构

本项目的负责团队凭借虚拟仿真实验研发经验及实践教学经验，综合应用虚拟现实技术、现有主流教学工具及手段，打造了一整套用于民用航空维修专业教学的虚拟仿真产品解决方案。该方案整体架构如下。

在真实的工作中，飞机维修是一个需要多人配合和协作的工作，通过传统单人的问答式、理论式操作及实训往往达不到教学实践效果，应针对行业作业中不同工种的操作特点，使用不同的人机交互设备。

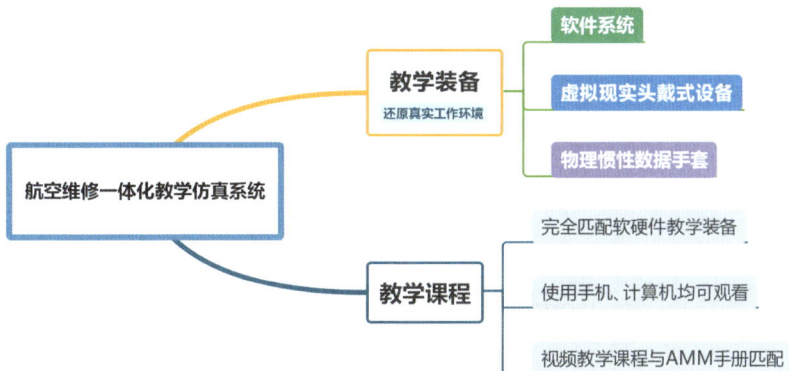

产品解决方案的整体架构

10.2.2 目标与特点

航空维修一体化教学仿真系统（以下简称"仿真系统"）基于B737-800机型进行设计，是用于航空客机维修专业实操教学的一体化仿真平台。仿真系统可用于模拟真实的操作环境，同时配备弱抽象性的输入设备，以提供最佳的视觉及体感的真实反馈。软硬件的建设匹配对应的教学视频课程，有助于学生全面掌握软硬件的使用方法。本仿真系统的特点如下。

1. 高度半实物仿真设计

本仿真系统高度复刻B737-800机型驾驶舱的内部结构，满足单个或多个学生同时模拟训练的空间尺寸要求，具有真实的物理按钮及交互面板，提供接近实际的工作环境，在满足功能需求的同时，提供更好的使用体验，获得更真实的模拟效果。

2. 逼真的地理及天气环境模拟

本仿真系统可提供多样化的气象环境模拟，通过安装于模拟舱体底部的高精度运动模拟仿真系统，为学生提供体感仿真，并配合超高像素的虚拟现实显示设备以及气象和地理环境仿真系统，使学生能够在体感和视觉上获得身临其境的沉浸式体验。

3. 模块化设计

本仿真系统采用模块化设计理念，将整个系统拆分为若干个子系统模块，各模块之间通过模块化接口连接，具有相对独立性，可单独对模块进行设计、制造、测试，以便模拟平台的升级优化、维护和保养。

4. 强大的可拓展能力

本仿真系统不仅充分考虑软硬件的可持续更新、部件更替等在现有方案基础上的纵向升级，还全面地考虑功能方面的横向升级，预留各类升级接口，以保障未来纵向及横向升级的可能。

10.2.3 使用进程

本仿真系统的使用进程如下。

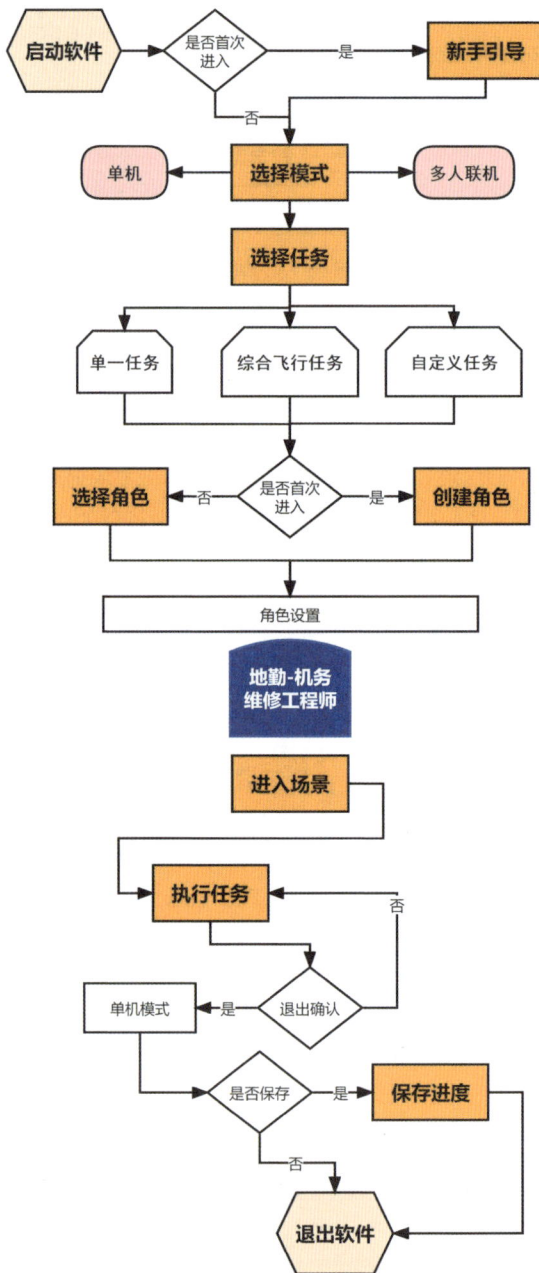

航空维修仿真软件进程框架

10.2.4 仿真系统软件架构

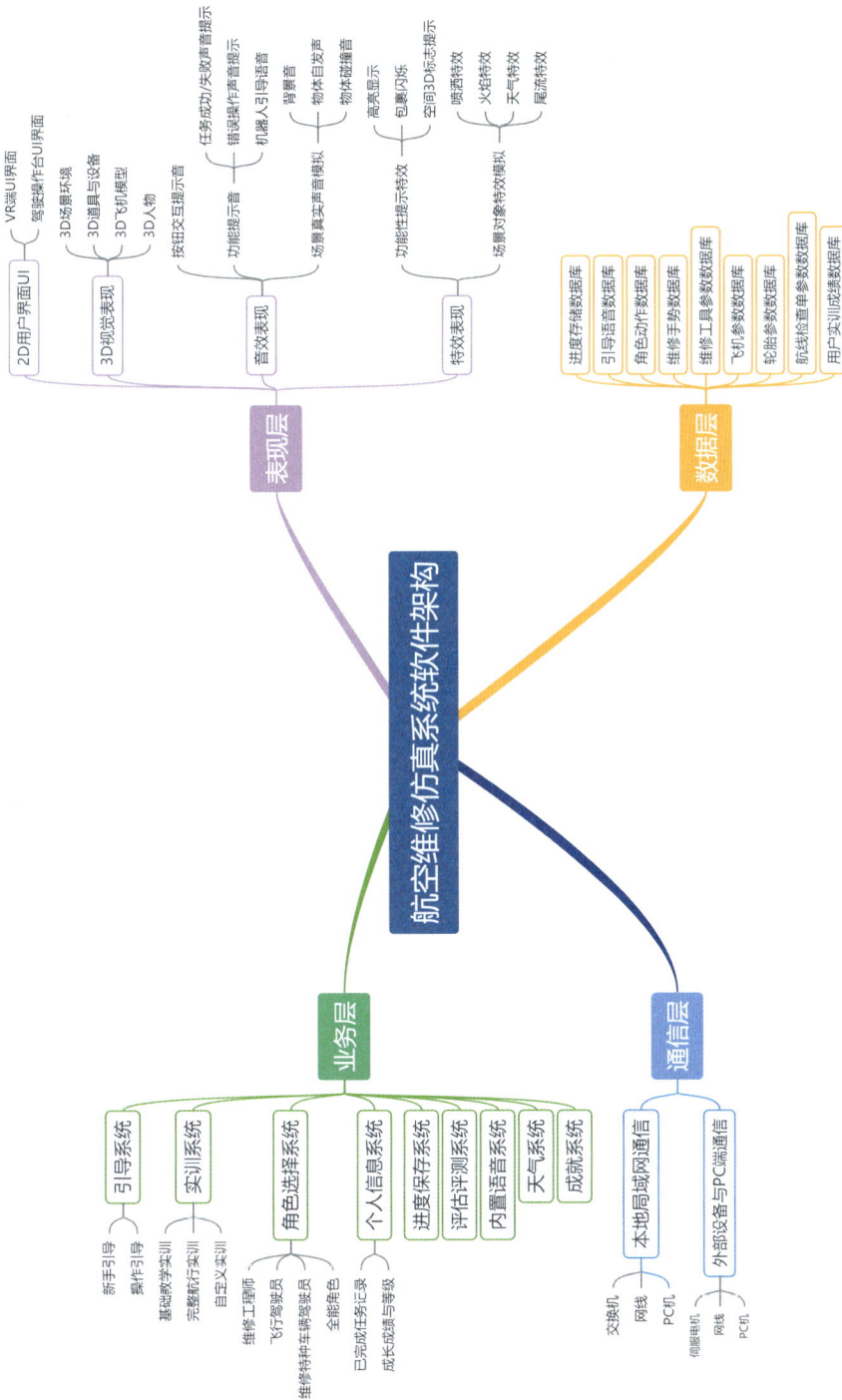

仿真系统的软件架构图

10.3 系统设计

10.3.1 景视系统（表现层）

在本仿真系统中，二维用户界面、三维视觉表现、音效表现、特效表现整体称为"景视系统"，也就是架构中的"表现层"部分。

10.3.1.1 二维用户界面

用户界面是仿真系统中的关键组成元素，也称为UI，当输入设备不同时，UI的表现形式也不相同。在本仿真系统中，主要涉及的UI元素及其功能描述如表10.1所示。

表10.1 UI元素及其功能描述

序号	UI元素	功能描述
01	icon	桌面系统启动的快捷方式
02	LoadBackground	系统载入等待界面
03	Loading_Bar	系统载入等待界面的进度条
04	Set_Button	设置按钮，该按钮有动画效果
05	Exit_Button	退出按钮，单击该按钮会弹出确认对话框
06	Select_OBC	用于选择电源车实训单元
07	Select_ACT	用于选择气源车实训单元
08	Select_Clean_Cockpit	用于选择驾驶舱清洁实训
09	Select_Clean_Wind	用于选择风挡清洁实训
10	Select_HOC	用于选择液压油箱勤务实训
11	Select_CheckTire	用于选择轮胎检查实训
12	Select_TPT	用于选择轮胎压力测试和充气实训
13	Select_VHF	用于选择拆装VHF通信面板实训
14	Move_Front	移动面板的箭头标志
15	Score_Background	实训得分面板的背景图片
16	CheckList	检查单

10.3.1.2 三维场景环境

三维模型是仿真系统的重要展示元素，包括场景环境、核心交互对象、设备等。

本仿真系统的相关实训内容以机场为核心交互实施环境，为确保实训的沉浸性和代入性，采用真实的机场为设计原型，数据采集的原型对象为北京大兴国际机场（以下简称"大兴机场"）。

1. 相关简介

大兴机场的建设历时5年，于2019年6月30日竣工，同年9月25日正式宣布运营。大兴机场建设耗资约800亿元，是世界唯一一座"双进双出"航站楼，同时也是世界最大的航空港之一。选择该机场为设计原型的一个原因是其建设时间较近，在设计、设备设施等方面融合了国际新技术，能确保仿真系统的时效性和未来的可延展性。

机场航站楼是场景环境的主体，大兴机场的航站楼参考"凤凰"的造型，塔台被称为"凤凰之眼"。其整体设计遵循对称设计原则，停车楼安排在"凤凰尾巴"的两侧，"凤凰尾巴"为综合楼。

航站楼的5个指廊的尽端，分别设有5个中式风格的室外庭院，包括茶园、瓷园、中国园、田园、丝园。它们使室内外空间融合，为旅客提供轻松的候机环境和绿色的活动空间。

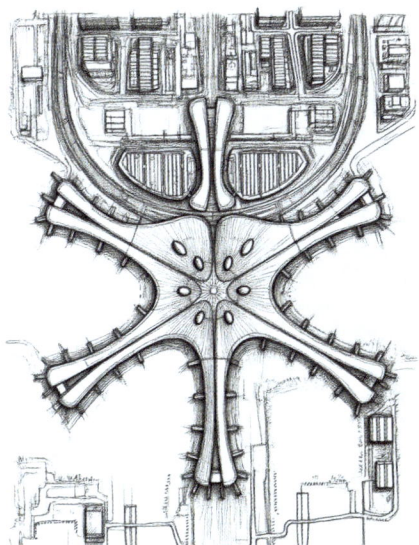

机场鸟瞰图

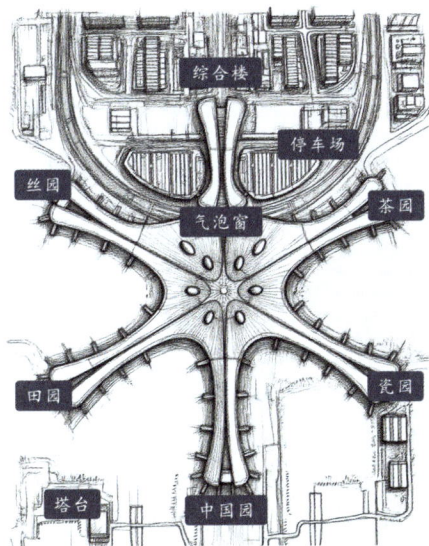

机场的组成

航站楼内部以白色为主色调，为了让阳光更好地进入室内，共采用12800块玻璃，若在晴朗的白天，楼内几乎不需要灯光。

机场内部

另外，在整体设计方面，大兴机场广泛应用节能环保设计。据推算，大兴机场航站楼比同等规模的机场航站楼的能耗低20%，每年可减少排放二氧化碳2.2万吨，相当于种植119万棵树，节约8850吨煤。

2. 机场跑道

机场跑道是仿真系统中场景环境的重要组成部分。以大兴机场为数据源的场景模型依据大兴机场真实的跑道布局进行开发和制作。

大兴机场有近机位79个，机位及缓压机位116个（含卫星厅机位，它作为近机位使用）、货机位24个、公务机位86个、维修机位13个、除冰机位16个、试车机坪机位8个、隔离机位1个。

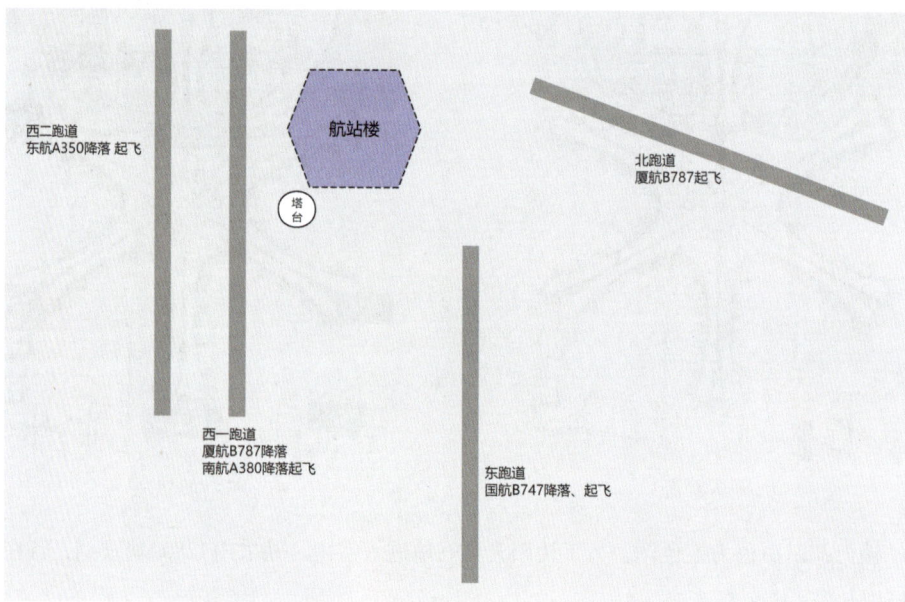

机场跑道

飞行区等级的技术标准分为两部分：数字+字母。其中，数字部分表示跑道长度等级，按照飞行区可用的最大飞机的基准飞行场地长度，分为1、2、3、4等级；字母部分表示机场飞行区可用的最大飞机的翼展和主起落架外轮外侧间距，从小到大依次分为A、B、C、D、E、F等级。

大兴机场的飞行区等级为4F，西一、东一、北一跑道为F级跑道。大兴机场主跑道与首都机场跑道平行设置，侧向跑道与主跑道呈70°夹角。大兴机场共设计了7条跑道，目前已建成的4条跑道采用三纵一横的"全向型"构型，这在国内尚属首次。这种构型符合京津地区的空中运行特点，为空管运行提供多种可行的放行方案，可以最大限度地利用北京地区紧张的空域资源，减少飞机在地面的滑行时间，有利于提高空地一体化的运行效率。

一期建设的4条民航跑道各不相同。西一跑道和北跑道是主起飞跑道，西二跑道和东跑道则是主降落跑道。在设计机场跑道时也充分考虑了周边居民，侧向一条偏转了20°，以降低噪声对附近居民生活的影响。

3. 夜间效果

仿真系统采用了时间循环设置，夜间作业时将增加模拟操作难度，同时在视觉场景方面也能够准确模拟夜间效果。因此除了虚拟空间中的天空盒（虚拟世界中天空球模型）在设计时需要遵守时间及天光规律外，建筑物内外的灯光效果也需要做到协调统一。

机场夜间整体三维渲染效果

机场夜间局部三维渲染效果

4. 航站楼各层布局

虽然在场景环境制作中不需要将航站楼的内部全部复刻，但也需要对航站楼的内部结构有一定的了解。在仿真系统中，当用户以第一人称视角观察周围环境或进行作业时，可以通过玻璃清楚地观察到航站楼内的部分场景。

大兴机场航站楼有6层，其中包括地下两层和地上4层，产品经理根据现场采集素材及软件互动功能内容需要，规划设计了各层结构，具体如下图所示。

● 负二层平面图如下图所示。

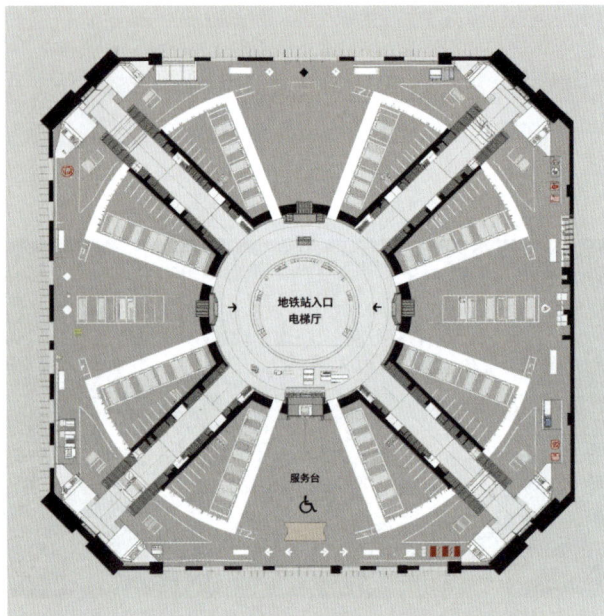

机场负二层平面设计示意图

● 负一层平面图如下图所示。

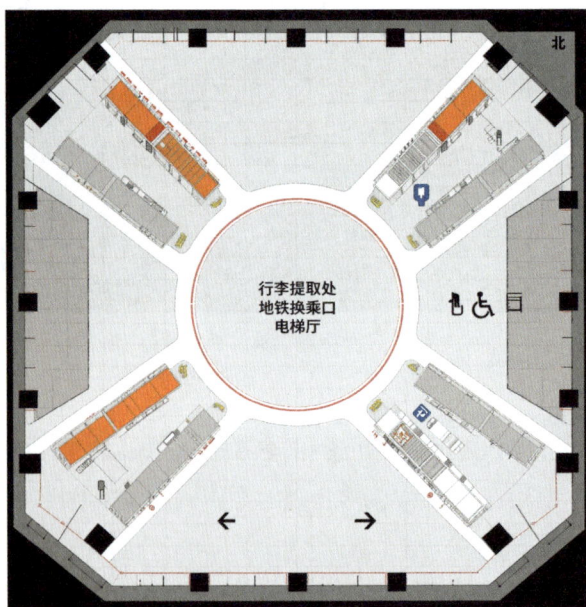

机场负一层平面设计示意图

- 第一层平面图如下图所示。

机场一层平面设计示意图

- 第二层平面图如下图所示。

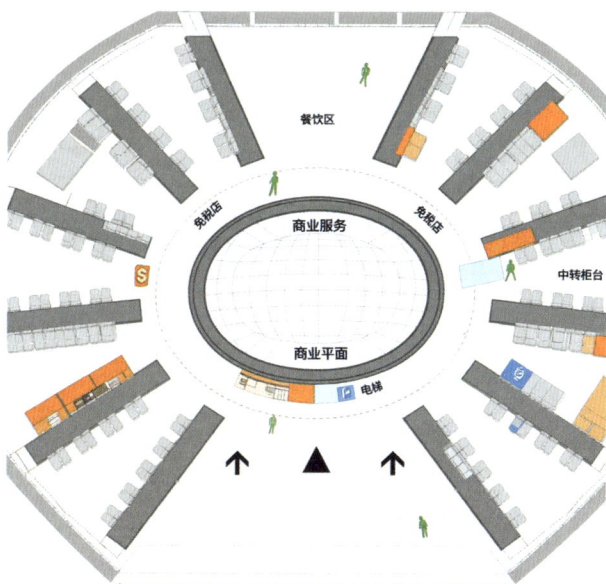

机场二层平面设计示意图

● 第三层平面图如下图所示。

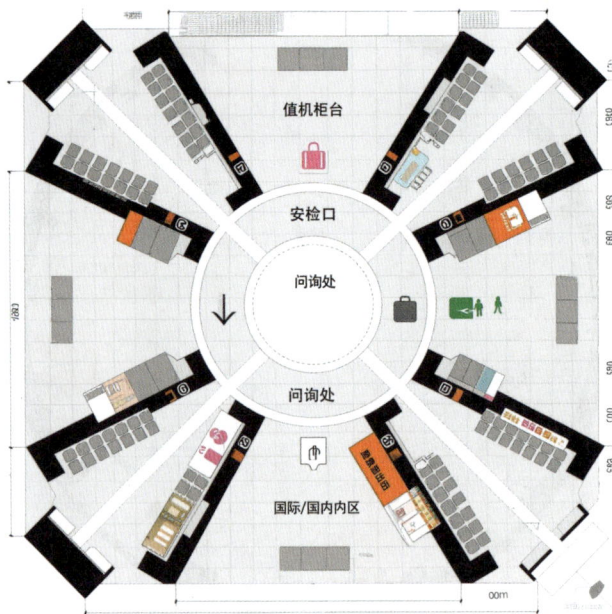

机场三层平面设计示意图

● 第四层平面图如下图所示。

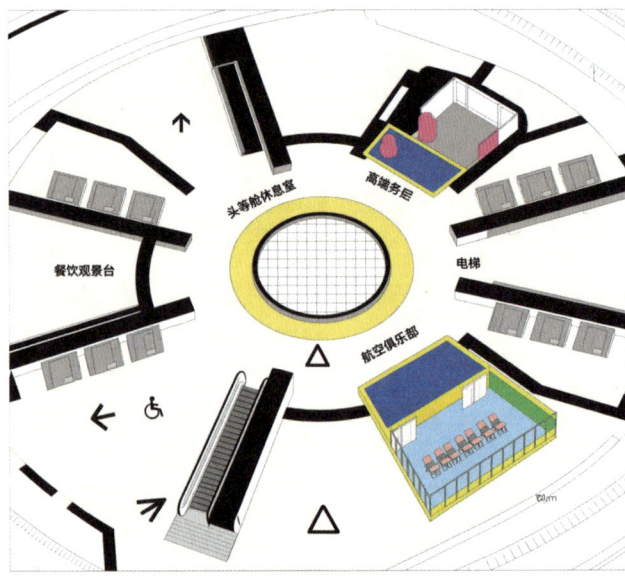

机场四层平面设计示意图

根据以上资料对大兴机场场景进行制作，并分别制作白天和夜间的场景效果，如下图所示。大兴机场场景三维模型清单如表10.2所示。

大兴机场三维模型白天渲染图

大兴机场三维模型夜间渲染图

表10.2 大兴机场场景三维模型清单

序号	模型名称	描述	数量	物理渲染贴图
01	航站楼主体模型	航站楼外观主体	1	有
02	建筑模型	行政楼、综合楼、民居建筑	14	有
03	塔台模型	塔台	1	有
04	路灯模型	普通道路路灯及机场道路路灯	—	有
05	树木模型	各类绿化树木	—	无
06	草模型	草坪	—	无
07	私家轿车模型	运行在道路上的汽车	10	有
08	货车模型	道路及停机场中的货物运输车辆	2	有
09	柏油马路模型	普通车道路	—	有
10	水泥地面模型	停机场的普通水泥地面	—	有
11	静态飞机模型	非交互的静态飞机模型	20	有
12	动态天空盒	能实现天气及时间变化的天空盒	1	有
13	廊桥模型	连接飞机与航站楼的设施	45	有
14	跑道灯模型	分布于机场跑道的照明灯	—	有
15	绿化植被模型	机场硬化地面外部的植被	—	无
16	围栏模型	机场跑道隔离分区的围栏	35	有
17	摆渡车模型	用于运输从航站楼到登机处的客运车	10	有
18	大型货车模型	用于向飞机货舱运输大量行李的车辆	3	有
19	消防车模型	用于应急消防的车辆	2	有

序号	模型名称	描述	数量	物理渲染贴图
20	医疗救护车模型	用于应急救护的车辆	2	有
21	登机云梯车模型	用于乘客登机的云梯车	10	有
22	警车模型	用于安保检查的车辆	1	有
23	农田模型	机场外的农田	—	无
24	托运板车模型	用于较少货物、行李运输的工具	10	有
25	洒水车模型	用于地面洒水的车辆	2	有
26	跑道提示牌模型	机场跑道两侧的各类警示标志牌	—	有
27	禁止通行警示牌模型	用于隔离分区的警示牌	—	有

10.3.1.3　三维工具与设备

维修作业使用的工具及待维修的设备均使用三维模型进行表现，由于它们需要参与重要的交互，因此，不仅需要严格控制其面数，还需要具有较好的视觉效果。在本仿真系统中，各类维修工具及待维修设备的三维模型均采用次世代模型制作方法制作，使用低模控制模型的面数，用高模进行烘焙贴图。

路障模型

维修器械模型

扳手模型

仪器表盘模型

飞机牵引车模型

仪器设备收纳车模型

本仿真系统中涉及的维修工具及待维修设备模型清单如表10.3所示。

表10.3 维修工具及待维修设备的模型清单

序号	模型名称	数量	物理渲染贴图
01	移动电源车模型	1	有
02	气源车模型	1	有
03	工作用白色纺织手套模型	2	有
04	车挡工具模型	8	有
05	气源车及通气管道模型	1	有
06	干净起毛的抹布模型	1	有
07	毛刷模型	1	有
08	麂皮布模型	1	有
09	吸尘器模型	1	有
10	口罩模型	1	有
11	清洁剂模型	1	有
12	耐油手套模型	2	有
13	护目镜模型	1	有
14	液压油压力加油设备模型	1	有
15	放油软管模型	1	有
16	耐油容器模型	1	有
17	接油设备模型	1	有
18	手电模型	1	有
19	磷酸酯基液压油模型	1	有
20	轮胎扎伤测量工具模型	1	有
21	工作单模型	1	无
22	斜交线胎面磨损的轮胎模型	1	有
23	胎面割伤的轮胎模型	1	有

序号	模型名称	数量	物理渲染贴图
24	胎肩过度磨损的轮胎模型	1	有
25	胎面过度磨损的轮胎模型	1	有
26	胎面开裂损伤的轮胎模型	1	有
27	嵌入外来物损伤的轮胎模型	1	有
28	斜交线爆胎损伤的轮胎模型	1	有
29	肋条底部损伤的轮胎模型	1	有
30	胎面"人"字形割伤的轮胎模型	1	有
31	沟槽底部露出加强层和防扎伤层的轮胎模型	1	有
32	侧壁橡胶老化和出现裂纹的轮胎模型	1	有
33	胎体聚热爆炸损伤的轮胎模型	1	有
34	侧壁损伤的轮胎模型	1	有
35	胎体和胎面大型鼓包的轮胎模型	1	有
36	胎体和胎面小型鼓包的轮胎模型	1	有
37	胎体和胎面侧面鼓包的轮胎模型	1	有
38	基部损伤的轮胎模型	1	有
39	刹车损伤的轮胎模型	1	有
40	制动损伤的轮胎模型	1	有
41	胎面污染的轮胎模型	1	有
42	肋部损伤的轮胎模型	1	有
43	肋条损伤的轮胎模型	1	有
44	肋条脱落的轮胎模型	1	有
45	工具盘模型	1	有
46	气压表模型	1	有
47	轮胎充气工具模型	1	有
48	氮气瓶模型	1	有
49	放气扳手模型	1	有
50	渗漏测试剂模型	1	有
51	"请勿闭合"警告牌模型	1	有
52	螺丝刀模型	1	有

10.3.1.4　三维飞机模型

民用航空飞机模型是本仿真系统的核心交互对象，采用场景化、模块化拼装的方法制作，分组、分区地在交互任务中加载，可临时隐藏部分组件。根据实训内容的需求，飞机模型以波音公司的B737-800机型为原型，不仅要实现其外观视觉效果，还要实现各组件独立分组和基本功能，如机舱门的开启或关闭功能，货舱门、空调舱门、电源面板等涉及交互的组件均能够在飞机维修模拟过程中进行互动等。

B737-800飞机模型的外观如下图所示。

波音B737-800飞机模型

波音737-800是波音737NG中的一员，是传统型波音737飞机的改进产品，由美国波音公司生产，于1997年首飞。波音737-800飞机的相关基础参数如下。

- 机身高度：12.5米。
- 机型代号：738。
- 机身长度：39.5米。
- 最大航程：5370千米。
- 翼展：34.4米（无翼梢小翼），35.79米（带翼梢小翼）。
- 客舱宽度：3.53米。
- 座位数：164人（典型两级客舱布局），189人（典型单级客舱布局）。
- 空重：41413千克。
- 最大起飞重量：78245千克。
- 最大着陆重量：66360千克。
- 最大滑行重量：79241.67千克。
- 最大载油量：26025升。
- 巡航速度：0.785马赫（961.69千米/小时）。
- 最大速度：0.82马赫（1004.57千米/小时）。
- 最大巡航高度：12400米。
- 起飞场长：2027米。
- 着陆场长：1327米。

- 动力装置：两台CFM56-7B涡扇发动机（最大推力：12383千克）。

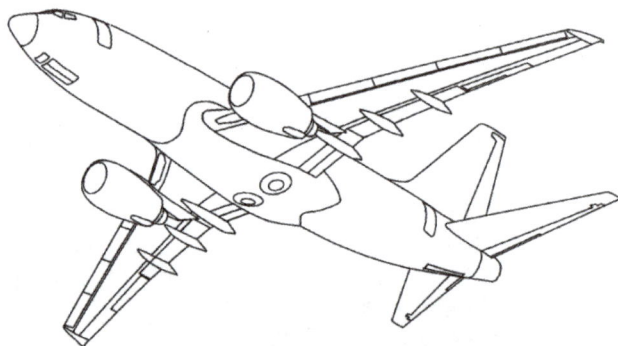

波音B737-800腹面图

波音737-800飞机的主要组成部分有机身、机翼、垂直尾翼、水平安定面、起落架、发动机，具体介绍如下。

- 机身：主要用于载客、载货，以及安装各种操纵设备和其他设备。
- 机翼：主要用于在飞行中产生升力和装载燃油。
- 垂直尾翼：用于控制飞机的方向。
- 水平安定面：用于控制飞机的纵向中心和飞机的俯仰操作。
- 起落架：用于在地面上支撑飞机。
- 发动机：发动机是飞机的动力来源。

波音737-800飞机包括8个主要分区，它们用于帮助查找并识别飞机部件和零件，具体介绍如下。

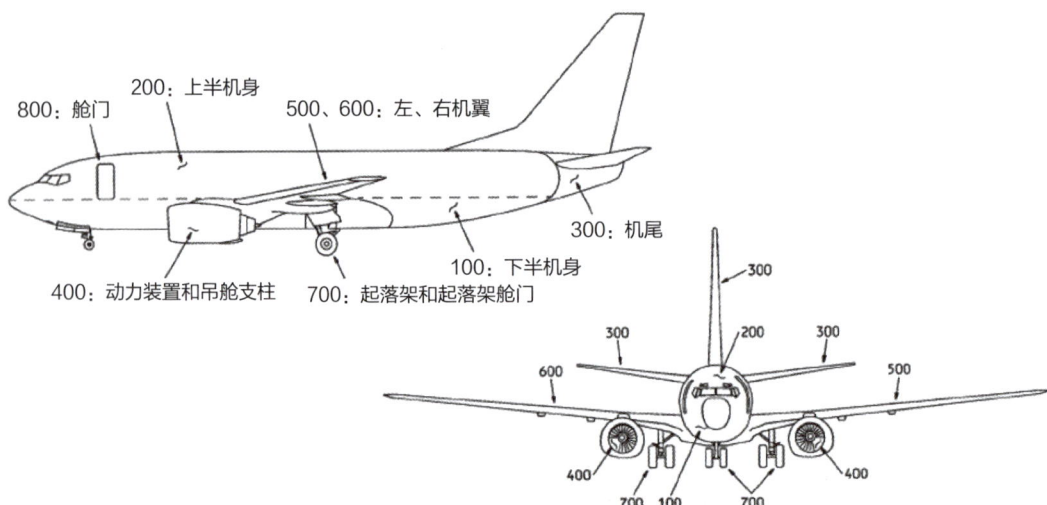

波音B737-800的8个主要分区

10.3.1.5 三维人物

仿真实验中涉及的角色人物主要包括空勤与地勤人员两大类，如空勤人员包括机长、副机长、乘务长、乘务员等，地勤人员包括机务人员、运行管理人员、安检人员、货运人员、保洁人员等。机场工作人员的具体分类如下图所示。

采用影视级人物技术，对人物模型的毛发等进行运算，使其运动自然。部分人物模型如右图所示。

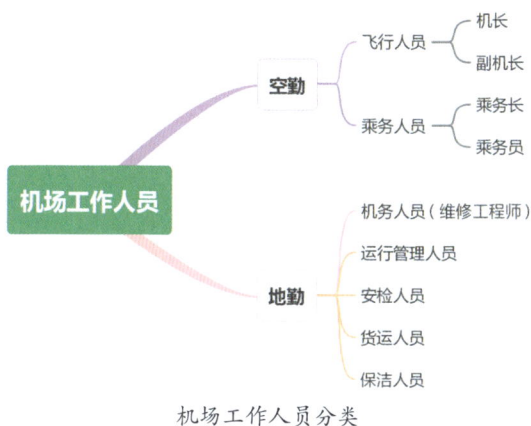

机场工作人员分类

机长三维模型   机务人员三维模型   乘务人员三维模型

机务人员的工作服装以蓝色调为主，所以被称为"蓝精灵"。

本仿真系统所需的角色建模清单如表10.4所示。

机务人员

表10.4 虚拟仿真系统所需的角色建模清单

序号	职务	模型名称	动画	数量	物理渲染贴图
01	机务人员	Model_Air Crew	有	2	有
02	车辆驾驶员	Model_Driver	有	2	有
03	机长	Model_Air Commander	有	1	有
04	副机长	Model_Co-pilot	有	1	有
05	乘务长	Model_Purser	有	1	有
06	乘务员	Model_Stewardess	有	3	有

10.3.1.6　音效表现

音效是仿真系统中的重要组成部分，仿真系统中的音效包括按钮交互提示音效、功能提示音效、场景真实声音模拟、自然气象音效，具体如表10.5所示。

表10.5　音效需求清单

序号	一级类目	二级类目	三级类目	音效名称
01	按钮提示音效	划过按钮音效		Audio_Button Scan
02		选中按钮音效		Audio_Button Sure
03		取消选择按钮音效		Audio_Button Cancel
04		确认选择按钮音效		Audio_Button Certain
05	功能提示音效	任务成功和失败音效	任务成功音效	Audio_TaskComplete
06			任务失败音效	Audio_TaskLose
07		错误操作提示音效	操作错误音效	Audio_False_Operation
08		机器人引导音效	机器人语音引导音效	Audio_RobotVoice
09	场景真实声音模拟	背景音效	环境噪声音效	Audio_Surrounding
10		物体碰撞音效	木材间碰撞音效	Audio_Wood
11			金属间碰撞音效	Audio_Iron
12			塑料间碰撞音效	Audio_Plastic
13			布料与玻璃摩擦音效	Audio_Cloth_Glass
14			布料与塑料摩擦音效	Audio_Cloth_Plastic
15			卡槽咔嚓音效	Audio_Crack
16			橡胶碰撞音效	Audio_Rubber
17			皮革与布料间碰撞音效	Audio_Leather_Cloth
18		脚步音效	水泥地面上的脚步音效	Audio_Foot_Cement
19			地板上的脚步音效	Audio_Foot_Floor
20			土质地面上的脚步音效	Audio_Foot_Ground
21		物体自发音效	客机起飞音效	Audio_TakeOff
22	场景真实声音模拟	物体自发音效	客机飞行中的音效	Audio_Flying
23			客机在地面运行时的引擎音效	Audio_Fly_Ground
24			汽车启动音效	Audio_Car_Star
25			汽车雨刮器音效	Audio_Windows_Wiper
26			打开或关闭汽车左右转向灯音效	Audio_Car_Turn
27			汽车运行中的音效	Audio_Car_Running
28			使用拨片按钮的音效	Audio_Button_Pick
29			使用普通按钮的音效	Audio_Button_General

序号	一级类目	二级类目	三级类目	音效名称
30	场景真实声音模拟	物体自发音效	开机舱门音效	Audio_CabinDoor_Open
31			关机舱门音效	Audio_CabinDoor_Close
32			开关货舱门音效	Audio_CargoDoor
33	自然气象音效		风的音效	Audio_Wind
34			小雨碰撞音效	Audio_Rain
35			闪电音效	Audio_Lightning
36			下雪碰撞音效	Audio_Snow

10.3.1.7 特效表现

虚拟仿真系统中的特效一般主要具有两种功能：一种是辅助提示功能，如高亮显示、包裹闪烁、空间三维标志等；另一种是模拟真实流体、气体、液体等运动，如火焰、雾、云、喷雾剂等。

本仿真系统中涉及的特效如表10.6所示。

表10.6　特效需求清单

序号	一级类目	二级类目	特效名称
01	功能提示性特效	高亮显示特效	FX_HightLight
02		包裹闪烁特效	FX_Twinkle
03		空间三维标志特效	FX_3DIcon
04	场景对象特效	喷洒特效	FX_Splash
05		火焰特效	FX_Fire
06		天气特效	FX_Weather
07		尾流特效	FX_Flow

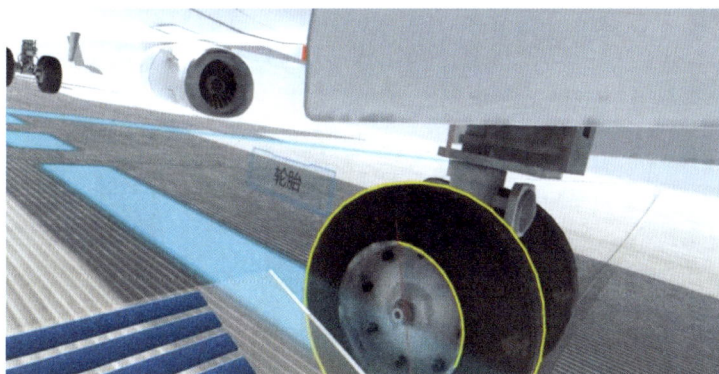

包裹闪烁特效效果图

10.3.2 功能系统（业务层）

1. 引导系统

引导系统用于为学习过专业知识但对仿真系统不熟悉的用户提供语音引导及部分特效说明，以帮助其快速了解仿真系统的操作方式及交互技巧。引导系统的主要功能如下。

- 通过头戴式虚拟现实设备，使用语音对操作方法进行触发式讲解。

- 对操作中的移动方式、退出方式、任务选择等进行引导提示。

引导系统界面

2. 单人或多人模式系统

单人或多人模式系统是仿真系统的核心，用户可依据工单在其中按照真实步骤逐步操作。此外，在本系统中互动时，会有提示、错误纠正等信息，让学生可以巩固相关理论知识及实践操作。

单人或多人模式系统界面

3. 任务系统

任务系统也是仿真系统的核心，分为基础教学任务、完整航行任务、自定义任务这3种模式。其中，在基础教学任务模式下，用户根据实训内容逐个完成任务后，可以自选任务进行重复练习；在自定义任务模式下，用户可创建单人或多人任务，自定义开始时间、完成时间及难度等。

4. 角色系统

在角色系统中，用户可创建角色，也可选择工种，调整角色外观，设置角色ID、昵称等。每个角色都有等级。

5. 个人信息系统

个人信息系统包含用户实训内容的全部信息，如完成记录、已创建角色等，其中还设置有奖励系统，它用于记录用户的所有成绩，根据成绩数据颁发奖章并提升用户角色的等级。

角色系统中的部分模型

6. 进度保存系统

在单人模式下，进度保存系统提供进度保存功能，用户可在退出仿真系统前，保存当前最新进度，当下次进入仿真系统时继续执行上次未完成的任务。

7. 评估评测系统

每次完成整个工作任务后，评估评测系统会给出用户的分数及操作问题清单，该记录会一直保留在本系统及角色系统中。

进度保存系统界面

8. 天气系统

天气系统包括晴朗、多云、小雨、大雨、雾、雪、大风、微风等几种天气的信息。

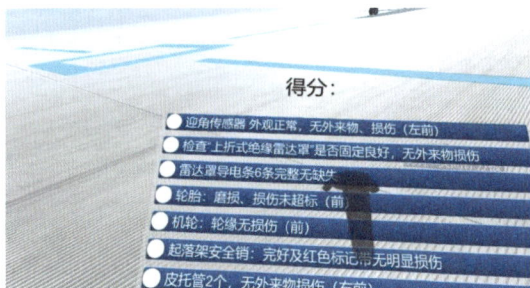

评估评测系统界面

天气系统界面

9. 语音系统

配置有麦克风的用户，在通过局域网与其他用户共同完成任务时，可进行线上语音互动，语音系统采用模拟对讲机的方式实现，可进行广播或与指定对象通信。每个用户进入房间后会分配到唯一的频段，输入对方频段即可进行一对一线上语音互动，频段可通过工作手册查询。

11

第11章
虚拟现实美术馆

本章将通过一个沉浸式虚拟现实娱乐应用项目案例"虚拟现实美术馆",讲解一个完整的虚拟现实娱乐项目的开发过程。限于篇幅,本章仅选取部分核心内容进行展示。

11.1　开发环境的配置与搭建

11.1.1　软件环境配置

步骤1 ➤ 在浏览器的地址栏中输入 unity.cn,进入 Unity 官方网站,如下图所示。单击"下载 Unity"按钮,打开 Unity 下载页面,根据操作系统类型进行下载即可。单击 Unity 版本右侧的 Release notes 按钮,可查看对应的发布说明。

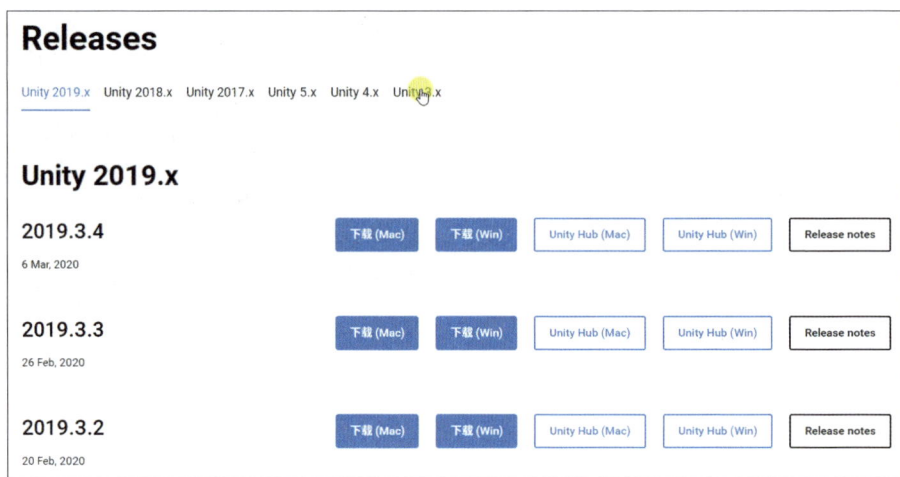

部分可下载的 Unity

步骤2 ➤ 返回 Unity 官方网站首页,单击"在线购买"按钮,切换到"个人使用"页面,单击"免费使用"按钮,然后单击 Returning users 页面的"从这里开始"按钮;进入 Unity Hub 下载页面,勾选 Accept Terms 下的复选框,并单击 Download Unity Hub 按钮,下载并安装 Unity Hub。

11.1.2　硬件环境搭建

步骤1 ➤ 在 Unity 中打开资源商店并在其中搜索 steamvr,选择搜索结果中的第一个选项,如下页图所示。

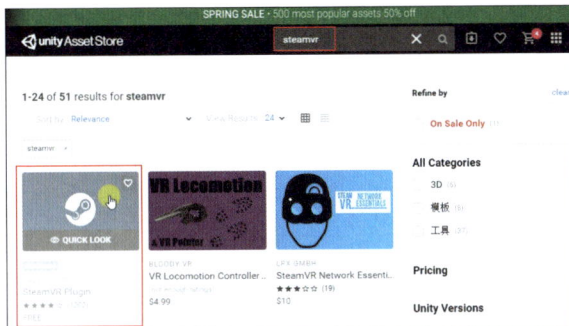

在Unity资源商店中搜索"steamvr"

步骤 2 ▷ 进入SteamVR的详情页后单击Import按钮。

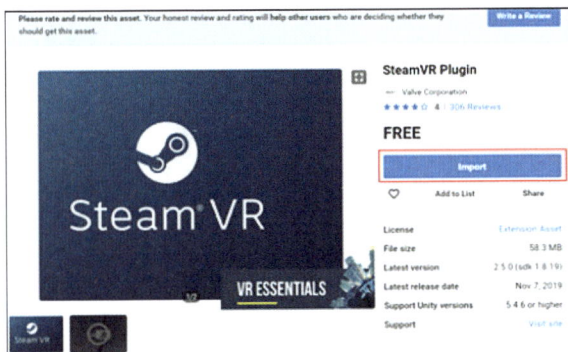

下载SteamVR

步骤 3 ▷ 在弹出的对话框中单击右下角的Import按钮，开始导入SteamVR，如右图（左）所示。

步骤 4 ▷ 在弹出的对话框中单击Accept All按钮，如右图（右）所示。

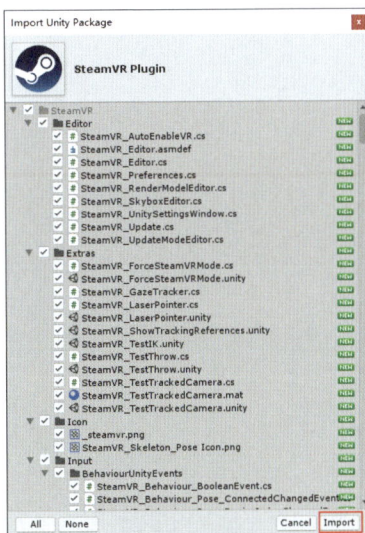

导入SteamVR（1）

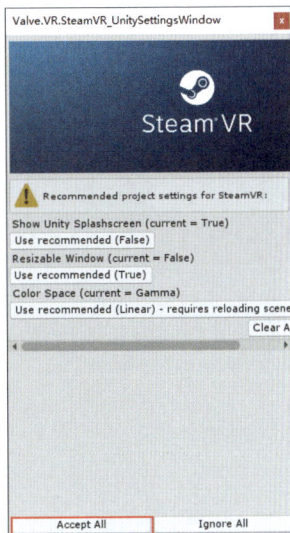

导入SteamVR（2）

步骤5 ▶ 在Project面板中的SteamVR文件夹下，双击Simple Sample场景文件，如右图所示，进入测试场景。

步骤6 ▶ 启动SteamVR，如果是初次启动，Unity将弹出对话框，提示本项目没有为SteamVR Input创建动作，是否打开SteamVR Input窗口，单击Yes按钮即可，如下图（左）所示。

步骤7 ▶ 此时会弹出提示是否使用示例文件提供的actions.json的对话框，单击Yes按钮，如下图（右）所示，打开SteamVR Input窗口，如最下面的图所示。

双击Simple Sample场景文件

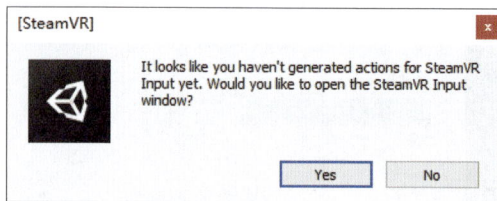

单击Yes按钮（1）

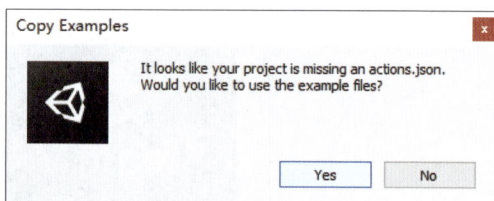

单击Yes按钮（2）

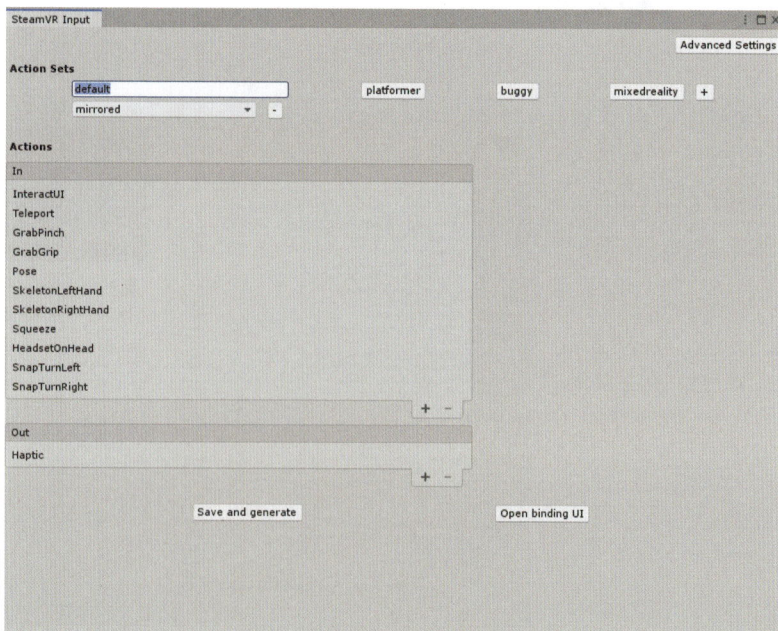

SteamVR Input窗口

步骤 8 ▷ 单击Save and generate按钮，可为设置的动作创建相关的类，并存储在Project面板的SteamVR_Input文件夹下，如右图所示。

步骤 9 ▷ 单击Open binding UI按钮，可打开动作的按键绑定窗口，如下图所示。

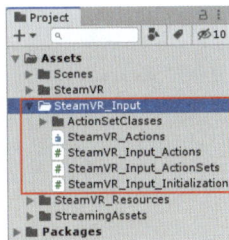

SteamVR-Input文件夹

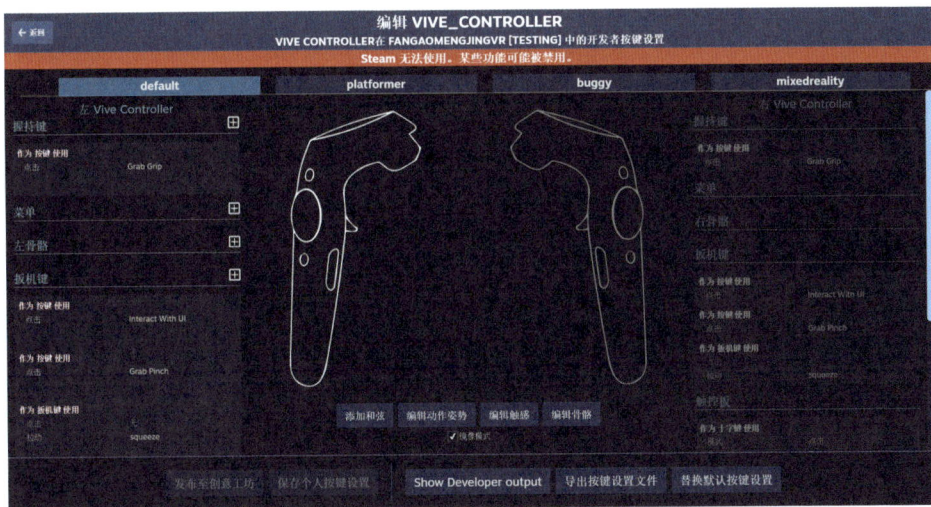

动作的按键绑定窗口

11.2 交互方式设计

11.2.1 手部控制器的交互设计

步骤 1 ▷ 在Unity中，选择Window>SteamVR Input命令，如右图所示，打开SteamVR Input窗口，如下页图所示。

步骤 2 ▷ Action Sets栏中列出了示例文件中存在的所有动作集，选择某一动作集，可以在其中进行动作的添加。单击动作集右侧的 ＋ 按钮可以添加新的动作集，单击 － 按钮可以对当前动作集进行删除操作，如下页中图所示。

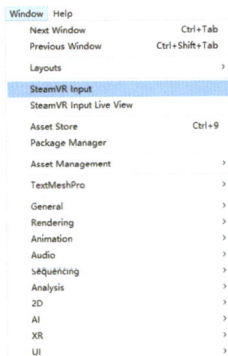

选择SteamVR Input命令

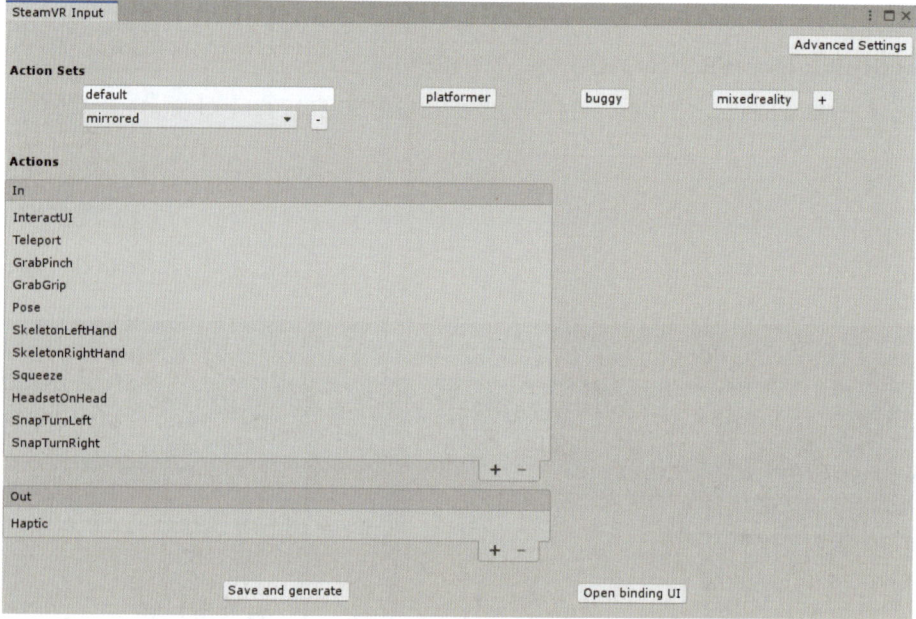

SteamVR Input窗口

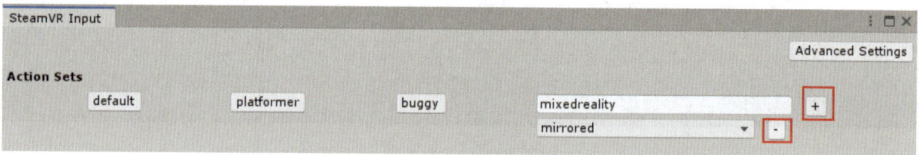

Action Sets栏

步骤 3 ▷ 默认情况下，使用default动作集。选择某动作集后，Actions栏中会列出所有可用的动作，可以进行动作的添加和删除操作，如右图所示。

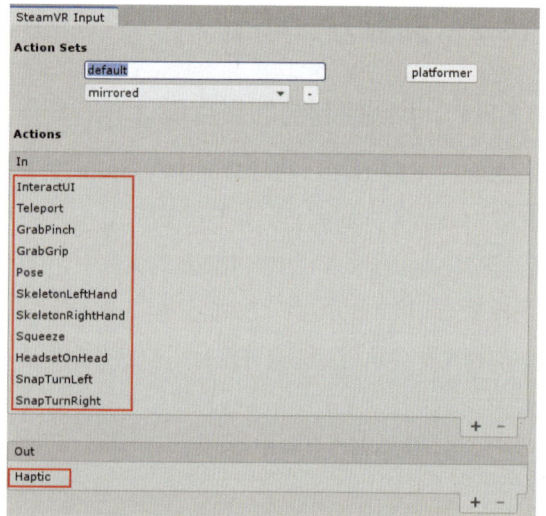

Actions栏

步骤4 ➤ 选择任意一个动作，在Action Details栏中可对其名称和类型等进行指定，如下图所示。

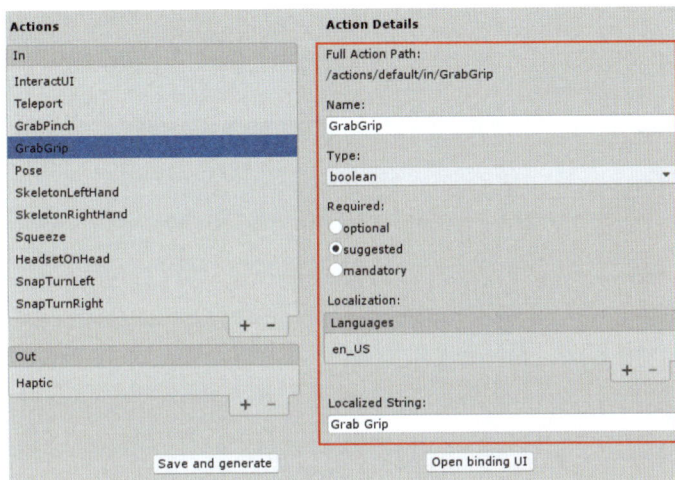

指定动作的参数

步骤5 ➤ 设置完成后，单击Save and generate按钮，即可更新当前动作集中的动作，如下图所示。

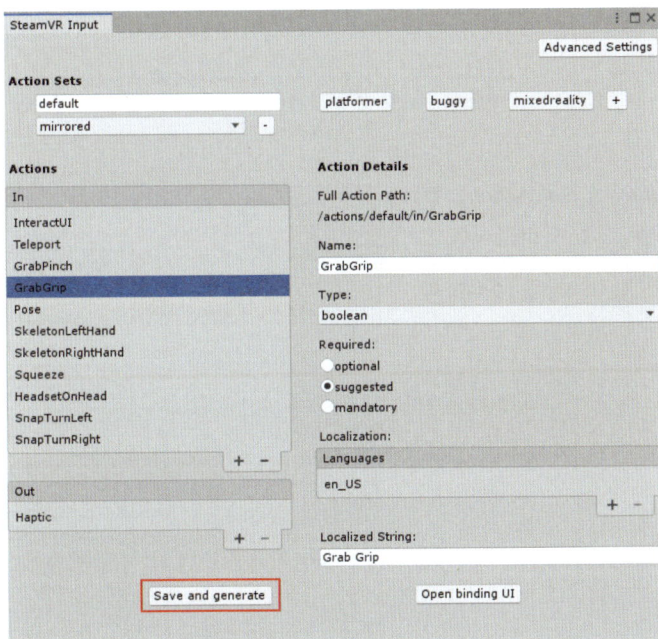

单击Save and generate按钮

步骤6 ➤ 如果要新建动作，需要为其绑定相应的按键，具体操作在11.2.2小节介绍。

11.2.2 射线移动交互设计

步骤1 ▶ 在Unity中选择Window>SteamVR Input命令，打开SteamVR Input窗口。

步骤2 ▶ 选择default动作集，在Actions栏中单击 ➕ 按钮，新建一个动作NewAction，如下图所示。

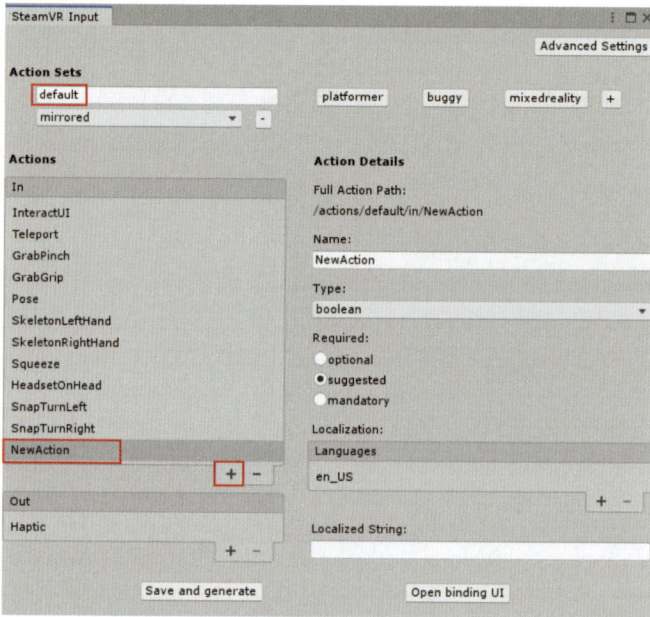

新建动作

步骤3 ▶ 选择新建的动作NewAction，在Action Details栏中设置Name为ShowMenu、Type为boolean，单击Save and generate按钮，更新动作集，如右图所示。

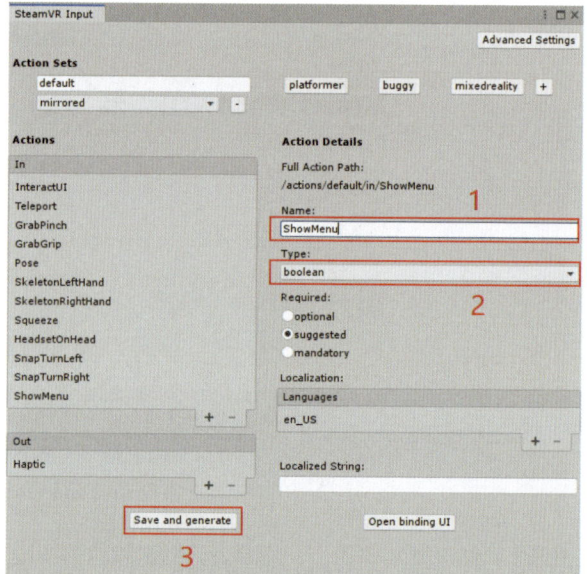

设置动作的参数

步骤4 ➤ 单击Open binding UI按钮，打开按键绑定窗口，如下图所示。

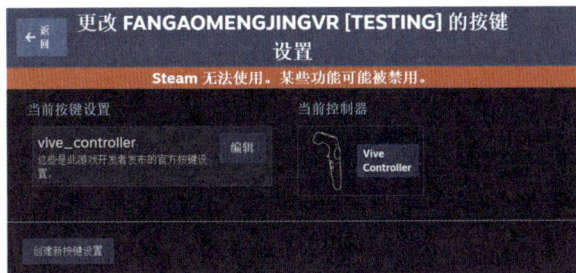

按键绑定窗口

步骤5 ➤ 单击"当前按键设置"栏中的"编辑"按钮，进入按键编辑界面。

步骤6 ➤ 单击"菜单"右侧的加号按钮，在弹出的对话框中选择将左侧菜单键作为按键使用。

步骤7 ➤ 在界面中单击"无"按钮，在弹出的对话框中，选择之前创建的动作ShowMenu，如下图所示。

单击"无"按钮

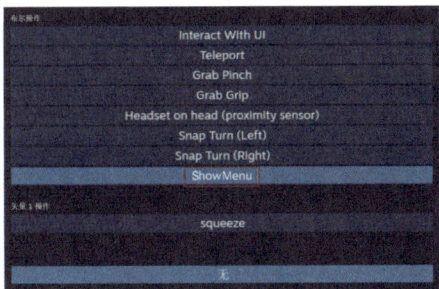

选择ShowMenu动作

步骤8 ➤ 单击界面中的✔按钮，确认按键绑定操作，如右图所示。

步骤9 ➤ 若不希望右侧手柄控制器使用相同的按键绑定，可取消勾选界面中间的"镜像模式"复选框，然后单独对其进行按键绑定。编辑完成后，单击界面右下角的"替换默认按键设置"按钮，保存按键绑定。

确认按键绑定操作

步骤10 ➤ 在SteamVR Input窗口中创建的动作，并非都已经实现了相应的功能，要实现相应的交互功能，需要编写代码。在Unity的Project面板中，单击鼠标右键，选择Create>C# Script命令，创建一个C#脚本文件，并将其命名为ActionDemo。

步骤11 ➤ 双击ActionDemo脚本文件，使用默认的代码编辑器打开它，引入SteamVR的命名空间，然后在脚本文件的顶部输入如下代码。

```
using System.Collections;
using System.Collections.Generic;
using UnityEngine;
using Valve.VR;
```

步骤12 ► 声明两个动作，分别是ShowMenu和Squeeze，代码如下。

```
public class ActionDemo : MonoBehaviour
{
public SteamVR_Action_Boolean ShowMenuAction;
public SteamVR_Action_Single SqueezeAction;
}
```

步骤13 ► 在Start( )函数中，注册ShowMenu动作的监听，代码如下。

```
void Start ( )
{
ShowMenuAction.AddOnChangeListener(showMenuActionChangeHandler,Steam
VR_Input_Source.Any);
}
```

步骤14 ► 创建动作ShowMenu的监听处理函数，在此只是通过Debug.Log( )方法输出调试信息，代码
如下。

```
private void showMenuActionChangeHandler(SteamVR_Action_Boolean fromAction,
SteamVR_Input_Source fromSource,bool newState)
{
    if(newState == false)
{
    Debug.Log("通过监听获取，显示菜单");
}
}
```

11.2.3 可交互物体的提示设计

步骤1 ► 使用注册事件处理函数的方法获取动作的输入，Start( )函数的代码如下。

```
void Start ( )
{
ShowMenuAction.AddOnChangeListener(showMenuActionChangeHandler,Steam
VR_Input_Source.Any);
    ShowMenuAction.onChange += onShowMenuActionStateChange;
}
```

步骤2 创建事件处理函数,其功能同样是输出调试信息,只是信息内容与监听处理函数中的不同,代码如下。

```
private void showMenuActionChangeHandler(SteamVR_Action_Boolean
fromAction,SteamVR_Input_Source fromSource,bool newState)
{
    if(newState == false)
    {
        Debug.Log("通过事件获取,显示菜单");
    }
}
```

步骤3 保存脚本文件,返回Unity。将CameraRig预制体拖入场景中并删除场景中的Main Camera对象,如下图(左)所示,将ActionDemo脚本文件挂载到场景中的CameraRig对象上。

步骤4 选择CameraRig对象,在Inspector面板中将脚本文件中声明的公共变量指定给对应的动作。

步骤5 运行程序,打开手柄控制器,按菜单键,可看到Console面板中正常输出了调试信息,如下图(右)所示。

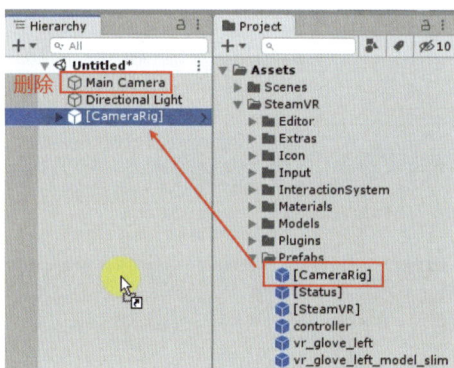

删除对象并挂载脚本文件

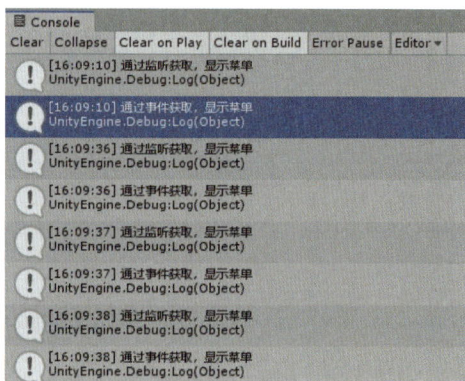

正常输出的调试信息

步骤6 返回创建的ActionDemo脚本,在Start( )函数中注册Squeeze动作的事件处理函数,代码如下。

```
SqueezeAction.onAxis += onSqueezeActionAxis;
```

步骤7 创建事件处理函数,代码如下。

```
private void onSqueezeActionAxis(SteamVR_Action_Single fromAction,
SteamVR_Input_Sources fromSource,float newAxis,float newDelta)
{
    Debug.Log("按Triger键" + newAxis);
    Debug.Log("按Triger键" + newDalta);
}
```

161

步骤 8 ▶ 返回Unity，运行程序，按Trigger键，可以在Console面板中看到相应的调试信息。

SteamVR的常用动作类及动作类型如表11.1所示。

表11.1 SteamVR的常用动作类及动作类型

动作类	动作类型	含义
SteamVR_Action_Boolean	Boolean	布尔型，只有"是"或"否"两种状态，通常用于按钮动作
SteamVR_Action_Single	Single	类似于浮点型（float），返回0~1之间的浮点数
SteamVR_Action_Vector2	Vector2	二维数据类型，与Unity或C#中的Vector2类型相似
SteamVR_Action_Vector3	Vector3	三维数据类型，与Vector2的不同之处在于Vector3有3个数据成员，如（x，y，z）
SteamVR_Action_Pose	Pose	用于获取手柄控制器的运动数据，包括位置和旋转数据
SteamVR_Action_Skeleton	Skeleton	提供用于呈现手部模型的骨骼数据、每个关节点的位置和旋转数据

11.3 美术馆关卡交互实现

11.3.1 场景及界面优化

步骤 1 ▶ 打开Unity，创建FanGaoMengJingVR项目，确保其中导入了SteamVR。按Ctrl+N组合键创建空场景，在Project面板中单击鼠标右键，选择Create>Folder命令，创建一个文件夹并命名为Scenes。

步骤 2 ▶ 按Ctrl+S组合键，保存创建的新场景，并命名为MainScene。

步骤 3 ▶ 将Project面板中的SteamVR>Interaction System>Core>Prefabs>Player预制体拖到Hierarchy面板中，如右图所示。

步骤 4 ▶ 删除场景中的对象Main Camera。

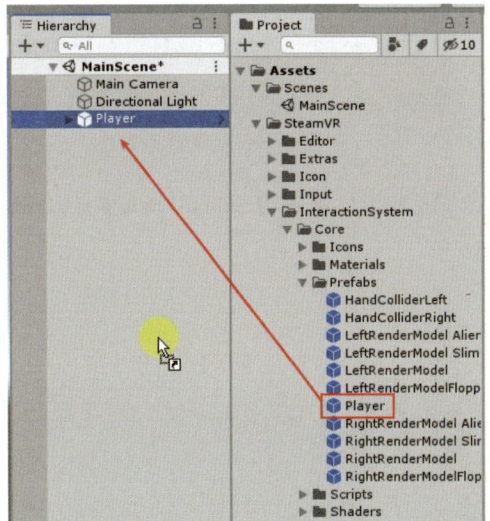

拖曳Player预制体

步骤5 导入场景资源。在Project面板中单击鼠标右键，选择Import Package>Custom Package命令，如下图所示，导入课程资源中的ProjectAssets_Scene1.unitypackage资源包。

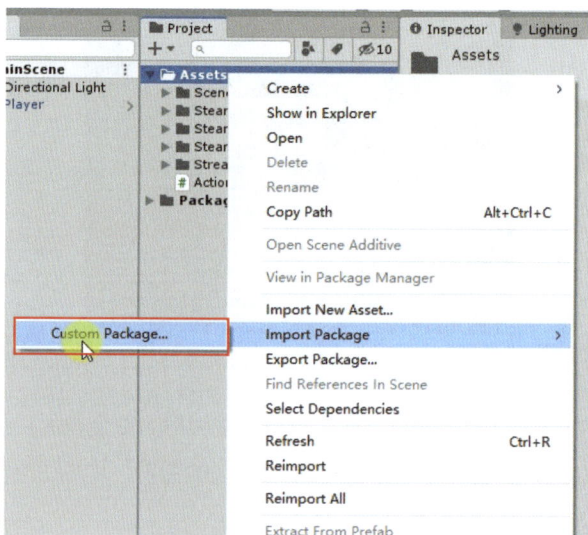

选择Custom Package命令

步骤6 将资源包中的预制体Meishuguan拖到Hierarchy面板中，如下图（左）所示。

步骤7 在Scene面板中调整Player对象的高度，使其底部贴近地面模型，如下图（右）所示。

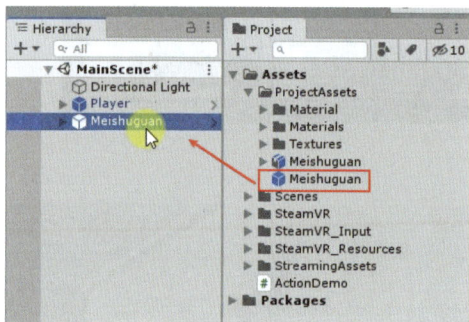

拖曳Meishuguan预制体　　　　　　　　　调整Player对象的高度

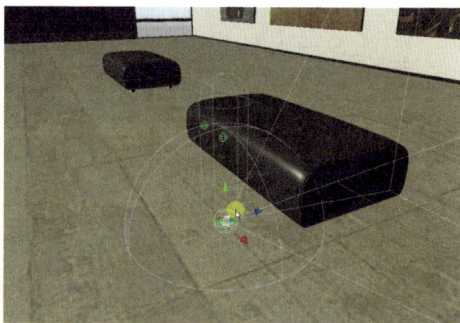

11.3.2　场景光照优化

步骤1 在Hierarchy面板中，单击鼠标右键，选择Light>Area Light命令，创建面光源。

步骤2 拖曳面光源线框上的4个点，调整其覆盖范围，如下页图所示。

步骤3 按快捷键E，对面光源进行旋转，使其朝向室内，即在x轴方向上的旋转角度为0°。

调整面光源的覆盖范围

步骤4 单击Scene面板右上方的轴向立方体，切换场景视图为正交视图；单击z轴标识，在xy平面上调整面光源的位置和覆盖范围；调整完毕后，单击x轴标识，将视图旋转为x轴水平视角，即在2D视图中，垂直轴为z轴，水平轴为y轴，如下图所示。

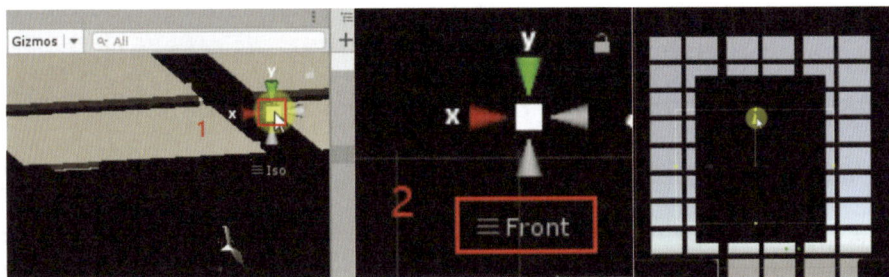

调整光源

步骤5 选择面光源，按Ctrl+D组合键创建当前面光源的副本，使用相同的方式调整此面光源的位置。

步骤6 在Hierarchy面板中，单击鼠标右键，选择Light>SpotLight命令，创建一个聚光灯。

步骤7 使用第4步介绍的方法，结合移动和旋转工具，在场景中调整聚光灯的位置和角度，效果如右图所示。

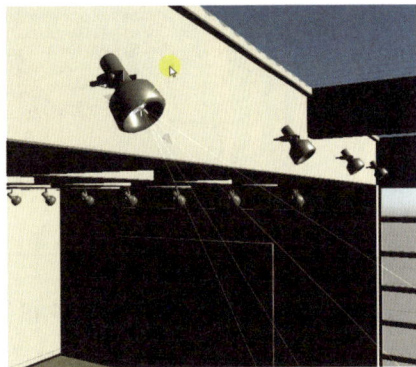

调整聚光灯的位置和角度

步骤8 ➤ 分别拖曳聚光灯线框上的5个点，调整其覆盖范围，效果如下图（左）所示。

步骤9 ➤ 选择聚光灯，设置其Light组件的Intensity和Indirect Multiplier属性值分别为1和2，确定其直接光照强度和间接光照强度，如下图（右）所示。

调整聚光灯的覆盖范围

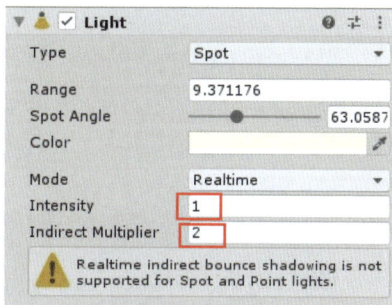

调整聚光灯的属性值

步骤10 ➤ 选择聚光灯，按Ctrl+D组合键创建多个聚光灯副本，在场景中分别调整其位置。亦可勾选Meishuguan对象Inspector面板中的lightGroup复选框，使用预制的灯光设置。

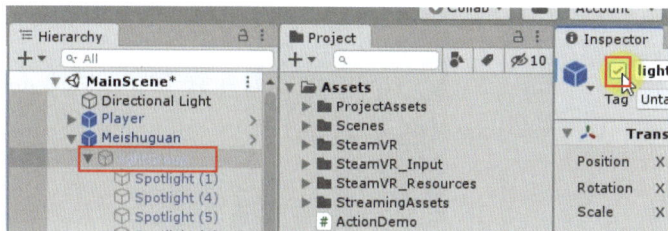

复制多个聚光灯对象并进行相关设置

11.3.3 虚拟现实中的UI设计

步骤1 ➤ 在Hierarchy面板中，单击鼠标右键，选择UI>Button命令，创建一个按钮。

步骤2 ➤ 如果场景中没有按钮的容器，那么在创建按钮以后，会自动添加一个Canvas对象。选择Canvas对象，在Inspector面板中的Canvas组件下，设置Render Mode为Not Important，如果使用的Unity为2019.3之前的版本，则设置Render Mode为World Space，如右图和下页图（左）所示。

设置Render Mode

步骤 3 ▶ 保持Canvas复选框为勾选状态，设置其Rect Transform组件的Scale属性值为（0.01, 0.01, 0.01），设置Pos X、Pos Y、Pos Z属性值为0，如下图（右）所示。

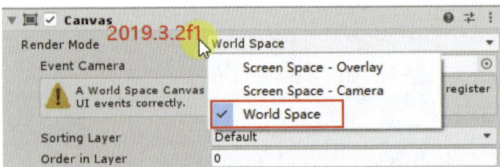

设置2019.3之前版本的Unity中的Render Mode

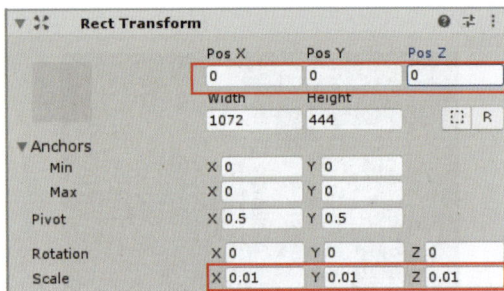

设置Rect Transform组件的属性

步骤 4 ▶ 选择按钮对象，在其Rect Transform组件中，单击Anchor Resets按钮，按住Alt和Shift键，单击下图（左）所示的按钮，设置其按钮在Canvas中水平垂直居中，并且中心点为按钮对象的中心。

步骤 5 ▶ 选择Canvas对象，在场景中调整其位置，使其位于《星夜》作品的右侧，如下图（右）所示。调整Canvas对象的Width和Height属性值均为300像素。

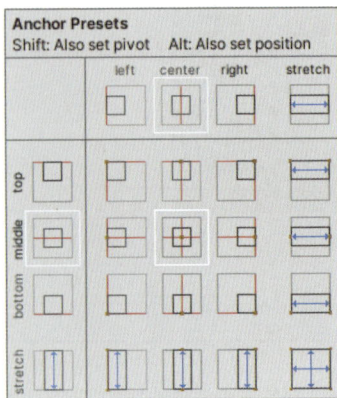

Anchor Resets按钮

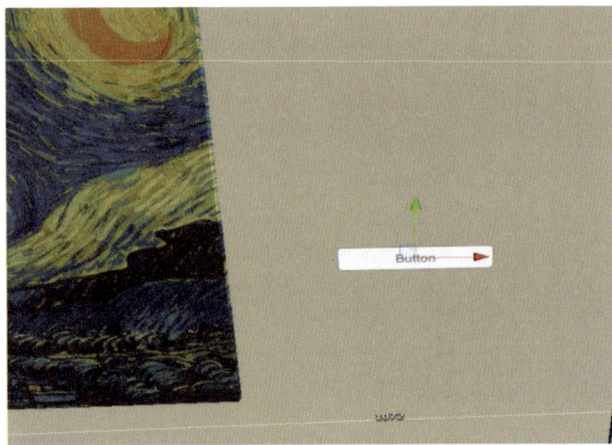

调整Canvas对象的位置

步骤 6 ▶ 选择Canvas对象，在Canvas Scaler组件中，设置Dynamic Pixel Per Unit为5，提高UI元素的清晰度。

步骤 7 ▶ 为按钮对象添加自定义样式。在Project面板中的ProjectAssets>Textures文件夹下，选择menu_normal_bg图片，在Inspector面板中设置其TextureType为Sprite(2D and UI)，单击右下角的Apply按钮，将其转换为Sprite类型，如下页图所示。

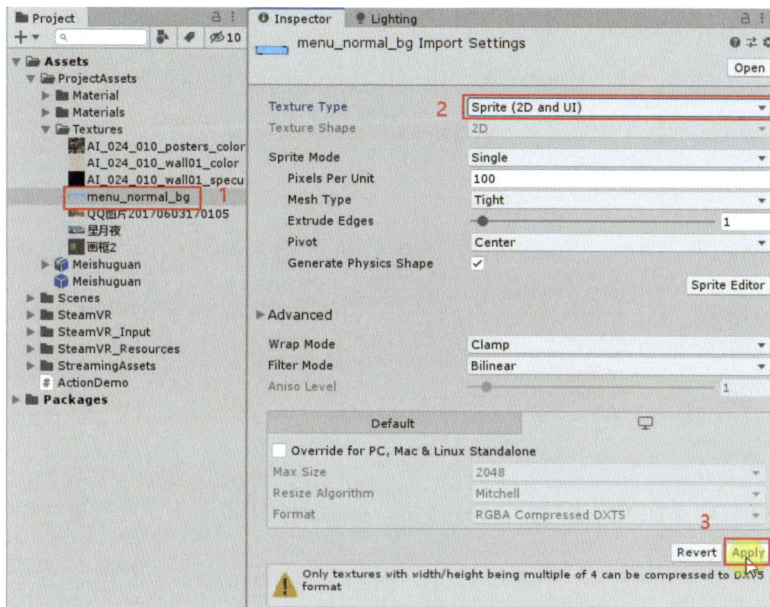

转换图片的类型

步骤8 选择按钮对象，将menu_normal_bg图片指定给Image组件的Source Image属性。

步骤9 单击Image组件右下角的Set Native Size按钮，使图片恢复为原始比例尺寸，在场景中使用Rect Tool工具调整按钮对象的尺寸。

步骤10 设置按钮对象的文字内容。勾选按钮对象的Text复选框，在其Text组件中设置Text属性值为"单击进入"，设置Font Style为Bold，设置Font Size为20，设置Color为白色，如下图（左）所示。

步骤11 按钮对象的最终样式如下图（右）所示。

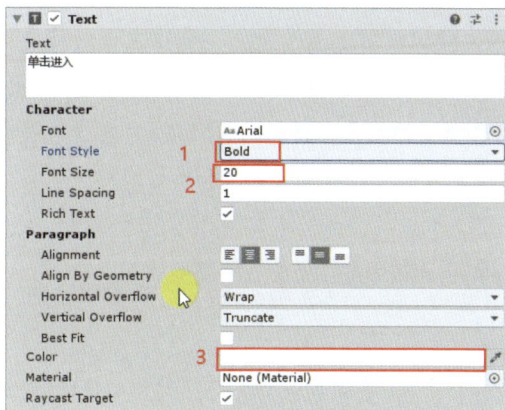

设置Text组件的属性

最终效果

11.3.4 场景光环境设计

步骤 1 ▶ 在Unity的菜单栏中，选择Window>Rendering>Lighting Settings命令，打开Lighting面板。

步骤 2 ▶ 在Hierarchy面板中选择对象Meishuguan，在Inspector面板中取消勾选Static复选框，将该对象设置为静态，如下图所示。

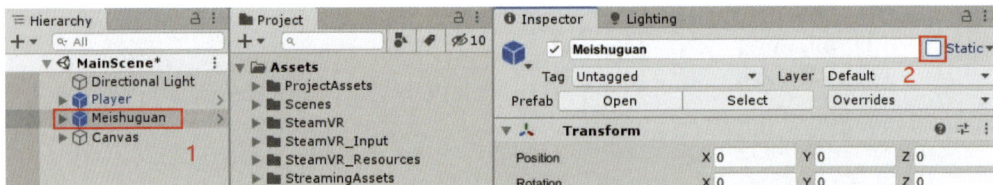

设置Meishuguan对象为静态

步骤 3 ▶ 选择场景中添加的灯光对象，在它们的Light组件中设置Mode为Baked，如右图所示。

关于烘焙光照贴图。全局照明：全局照明（GI）是一种模拟光线如何从物体表面反射到其他表面的系统，是对间接光照的计算。烘焙光照贴图的目的是将计算的Global Illumination添加到纹理贴图，在实时渲染中提供更真实、丰富的光照信息。

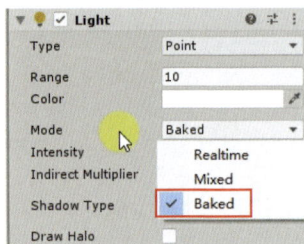

Light组件中的设置

Unity的灯光模式有Realtime、Baked和Mixed 3种。

• **Realtime**。Realtime模式的灯光存在两个限制：第一个是实时灯光在程序运行时会消耗大量的计算资源，尤其是在复杂的场景或低端硬件中；第二个是在默认情况下（不进行实时照明预计算），实时灯光仅对场景提供直接照明，因此阴影看起来完全是黑色的，没有任何间接照明效果，场景中的照明并不真实。

• **Baked**。Unity执行全局光照计算，并将结果作为照明数据保存到磁盘，该过程称为烘焙光照贴图。在程序运行时，Unity加载烘焙的照明数据，并使用它来照明场景。由于复杂的计算是预先执行的，因此Baked灯光模式可以减少运行时的着色成本，并减少渲染阴影的成本。

• **Mixed**。Mixed灯光模式结合了实时照明和烘焙照明的元素，可以使用Mixed灯光模式将动态阴影与来自同一光源的烘焙照明结合在一起。希望光源提供直接实时照明和烘焙间接照明时可使用Mixed灯光模式。

使用Progressive Lightmapper进行光照烘焙，Lighting面板中的主要参数的属性如下。

• Environment：对场景中的环境光照进行设置。

• Skybox Material：设置天空盒。

• Sun Source：场景中太阳或月亮的光源指定。

- Environment Lighting：环境照明。

- Source：环境照明的来源。

- Environment Relection：环境反射。

- Source：反射来源。

- Resolution：反射分辨率。

- Bounces：环境光照弹射次数。

- Lightmapper：可选择的光照烘焙方案，本项目中选择Progressive GPU，即调用显卡资源进行烘焙。以下参数亦基于此选择进行介绍。

- Prioritize View：是否启用视口优先烘焙。

- Direct Samples：直接光照的采样次数，数值越高，光照贴图品质越高，烘焙所需时间越长。

- Indirect Samples：间接光照的采样次数，数值越高，光照贴图品质越高，烘焙所需时间越长。

- Environment Samples：环境光照的采样次数，数值越高，光照贴图品质越高，烘焙所需时间越长。

- Bounces：光子在场景中的弹射次数，数值越高，光照贴图品质越高，烘焙所需时间越长。

- Filtering：烘焙光照贴图的降噪器。Optix 为英伟达的解决方案，Open Image Denoise 为英特尔的解决方案。

- Lightmap Resolution：光照贴图分辨率，数值为每一个单位上的纹素数量，数值越高，光照贴图品质越高，烘焙所需时间越长。

- Lighmap Padding：光照贴图中UV区域的间隔距离。

- Lightmap Size：光照贴图的尺寸，默认为1024。

- Compress Lightmaps：是否对光照贴图进行压缩。

- Ambient Occlusion：是否烘焙环境光遮蔽信息。

- Other Settings：其他设置。

- Debug Settings：调试设置。

步骤 4 隐藏或删除场景中的Directional Light对象。在Lighting面板的Mixed Lighting栏中勾选Baked Global Illumination复选框。单击Lighting面板右下角的Generate Lighting按钮，启动光照贴图的烘焙，如右图所示。在Lighting面板底部可以查看烘焙性能，Bake Performance表示每秒发射的光线数量。

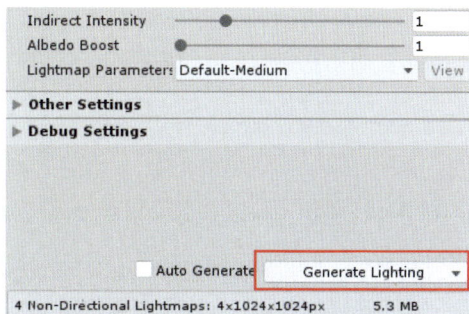

单击Generate Lighting按钮

11.3.5 场景交互实现

11.3.5.1 显示按键提示

步骤1 设置默认手柄控制器模型。在Project面板中选择SteamVR>InteractionSystem>Core>Prefabs>RightRenderModel Slim预制体；在Inspector面板的Render Model组件中，取消勾选Display Hand By Default复选框，即显示手部模型，勾选Display Controller By Default复选框，即默认显示手柄控制器模型，如右图所示。使用相同的方法设置同级目录下的LeftRenderModel Slim预制体的相关属性。

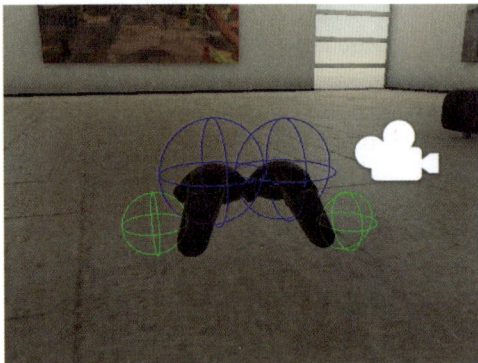

默认显示手柄控制器模型

步骤2 在Project面板中创建一个文件夹，命名为_Scripts。

步骤3 选中_Scripts文件夹，单击鼠标右键，选择Create>C# Scripts命令，创建一个C#脚本文件，命名为UIManager。

步骤4 将提供的课程资源中的脚本文件Singleton拖到Project面板中。

主场景手柄控制器提示设置如下。

- 右手控制器。
  - GrabPinch动作（Trigger键）：选择或交互。
  - ShowMenu动作（菜单键）：打开或关闭操作说明。
  - Teleport动作（Trackpad键）：移动。
- 左手控制器。
  - Grabpinch动作（Trigger键）：选择或交互。

步骤5 双击UIManager脚本文件，使用默认的代码编辑器将其打开，并对其进行编辑。修改其继承类为Singleton，代码如下。

```
public class UIManager : Singleton<UIManager>
```

步骤6 引入代码所在的命名空间，代码如下。

```
using Valve.VR;
using Valve.VR.InteractionSystem;
```

步骤7 声明用于设置手柄控制器按键提示的公共函数，其参数用于决定按键提示的显示或隐藏，代码如下。

```
public void SetControllerButtonHints(bool state)
{
```

```
        if (state)
        {
            showAllButtonHints();
        }
        else
        {
            hideAllButtonHints();
        }
    }
```

步骤 8 分别选择两个未声明的函数showAllButtonHints( )和hideAllButtonHints( )的名称，按Alt+Enter组合键，在弹出的列表中选择同名函数，完成两个函数的创建，代码如下。

```
    private void showAllButtonHints()
    {
    }
    private void hideAllButtonHints()
    {
    }
```

步骤 9 编写用于显示所有按键提示的函数showAllButtonHints( )，代码如下。

```
    private void showAllButtonHints()
    {
    ControllerButtonHints.ShowTextHint(Player.instance.rightHand, SteamVR_
Actions._default.GrabPinch, "选择 / 交互");
    ControllerButtonHints.ShowTextHint(Player.instance.rightHand, SteamVR_
Actions._default.ShowMenu, "打开 / 关闭操作说明");
    ControllerButtonHints.ShowTextHint(Player.instance.rightHand, SteamVR_
Actions._default.Teleport, "移动");
    ControllerButtonHints.ShowTextHint(Player.instance.leftHand, SteamVR_
Actions._default.GrabPinch, "选择 / 交互");
    }
```

步骤 10 编写用于隐藏所有按键提示的函数hideAllButtonHints( )，代码如下。

```
    private void hideAllButtonHints()
    {
        ControllerButtonHints.HideAllTextHints(Player.instance.leftHand);
        ControllerButtonHints.HideAllTextHints(Player.instance.rightHand);
    }
```

步骤 11 声明标志为变量isTextHintShow，用于标记按键提示是否显示，可通过SetControllerButton-Hints( )函数中的State参数进行赋值，代码如下。

```
private bool isTextHintShow = false;
public void SetControllerButtonHints(bool state)
{
if(state)
{
  showAllButtonHints();
}else{
hideAllButtonHints();
}
isTextHitShow = state;
}
```

步骤12 ▶ 在Start( )函数中编写代码，实现等待5秒后自动显示按键提示的功能，代码如下。

```
void Start()
{
Invoke("showAllButtonHints", 5.0f);
}
```

步骤13 ▶ 在Start( )函数中编写代码，注册菜单动作的事件监听器，代码如下。

```
void Start()
{
Invoke("showAllButtonHints", 5.0f);
SteamVR_Actions.default_ShowMenu.AddOnStateUpListener(onShowMenuAction
StateUp, SteamVR_Input_Sources.RightHand);
}
```

步骤14 ▶ 选择未声明的函数名称，创建同名函数。根据声明的标志位变量isTextHintShow判断是否调用显示或隐藏按键提示的函数，代码如下。

```
private void onShowMenuActionStateUp(SteamVR_Action_Boolean fromAction,
SteamVR_Input_Sources fromSource)
{
    if (isTextHintShow)
    {
        SetControllerButtonHints(false);
    }
    else
    {
        SetControllerButtonHints(true);
    }
}
```

步骤15 保存UIManager脚本文件，返回Unity，在Hierarchy面板中单击鼠标右键，选择Create Empty命令，创建一个空对象并命名为Scripts。

步骤16 选择对象Scripts，将UIManager脚本文件挂载到该对象上，如下图所示。

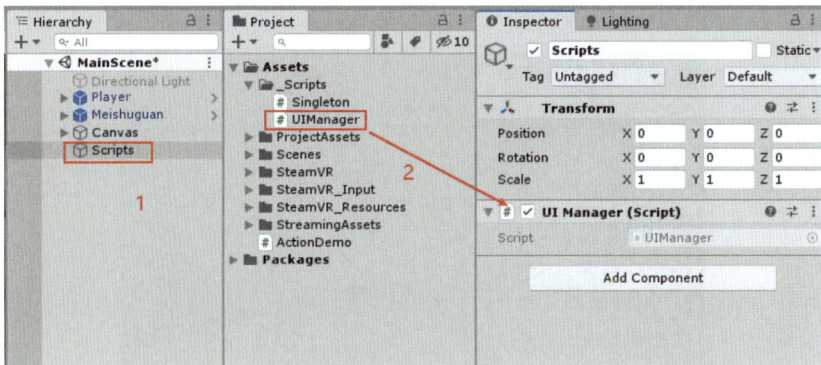

将脚本文件挂载到对象上

步骤17 单击Unity的Play按钮，运行程序，打开两个手柄控制器，当等待5秒以后，会自动显示手柄控制器所有的按键提示。多次按菜单键，可控制按键提示的显示或隐藏，如下图所示。

显示手柄控制器的按键提示

11.3.5.2 实现在场景中的移动

步骤1 添加具有传送机制的预制体。将Project面板中的SteamVR>InteractionSystem>Teleport>Prefabs>Teleporting预制体拖到场景中。

步骤2 在场景中创建一个空对象，命名为Teleport，并重置其位置。将对象Teleporting拖到Teleport对象下。

步骤3 在Hierarchy中单击鼠标右键，选择3D Object > Plane命令，创建一个Plane对象。

步骤4 为Plane对象添加TeleportArea组件，设置其TeleportAreaVisible材质的Tiling属性值为（2, 2）。

步骤5 ▶ 添加传送点。将 Project 中的 SteamVR>InteractionSystem>Teleport>Prefabs>TeleportPoint 预制体拖到场景中。

步骤6 ▶ 在场景中调整对象 TeleportPoint 的位置，使其位于《星夜》作品的右侧；设置其 Teleport-Point 组件中的 Title 属性值为"星夜"，效果如下图所示。

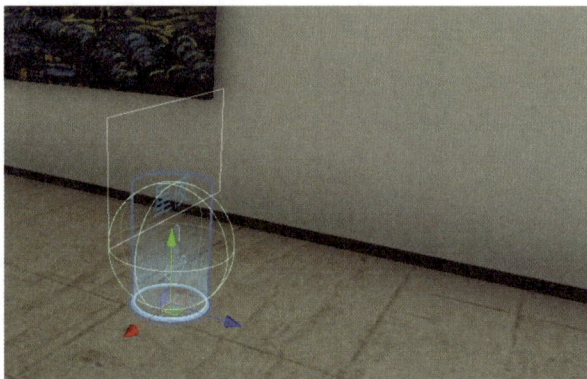

调整 TeleportPoint 对象

步骤7 ▶ 在场景中添加 TeleportPoint 对象的多个副本并调整其位置，效果如下图所示。

添加 TeleportPoint 对象的副本

步骤8 ▶ 传送组件的关键属性说明如下。

Teleportting 组件

- Teleport Action：触发传送的动作。
- Pointer Valid Color：目标区域可用时的指针颜色。
- Pointer Invalid Color：目标区域不可用时的指针颜色。
- Pointer Locked Color：目标区域锁定时的指针颜色。
- Teleport Fade Time：传送黑屏持续时间。

Teleport Area组件

- Locked：将传送区域设置为被锁定状态。
- Marker Active：设置该区域是否需要在发出传送动作时才显示。

Teleport Point组件

- Teleport Type：传送类型。
- Title：传送点显示的文字提示。
- Switch To Scene：切换场景的名称。
- Player Spawn Point：是否将该传送点设置为用于默认出现的位置。

11.4 项目的调试和导出

步骤1 在Unity的菜单栏中选择File>Build Settings命令，打开Build Settings对话框，确保所有的场景文件添加到Scenes In Build列表框中。

步骤2 单击Build Settings对话框左下角的Player Settings按钮，打开Project Settings窗口。

步骤3 在该窗口的Resolution and Presentation栏中，设置Fullscreen Mode为Windowed，设置Default Screen Width为800，设置Default Screen Height为600，如下图所示。

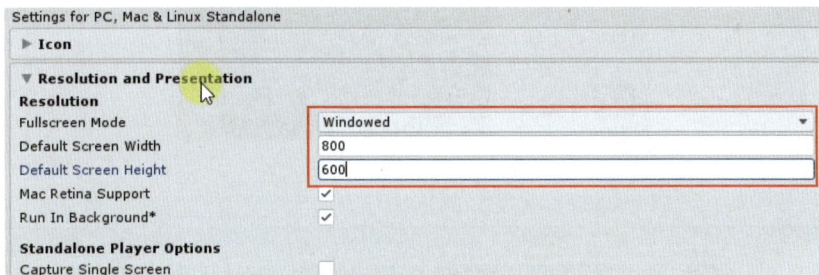

Resolution and Presentation 栏中的设置

步骤4 关闭Project Settings窗口，返回到Build Settings对话框。勾选Development Build复选框，使程序在被导出以后能够使用Profiler工具进行性能分析；勾选Script Debugging复选框，使程序在被导出以后可以进行断点调试，如下页上图所示。

步骤5 设置完毕后，单击Build按钮，选择一个导出文件夹，Unity开始导出程序。导出完毕后，程序所在的文件夹会自动打开。

步骤6 在该文件夹下，双击.exe文件，即可运行导出的程序。

步骤7 保持导出的程序运行，返回Unity中，选择Window>Analysis>Profiler命令，打开Profiler窗口，选择WindowsPlayer，对导出的程序的性能进行分析，如下页中、下图所示。

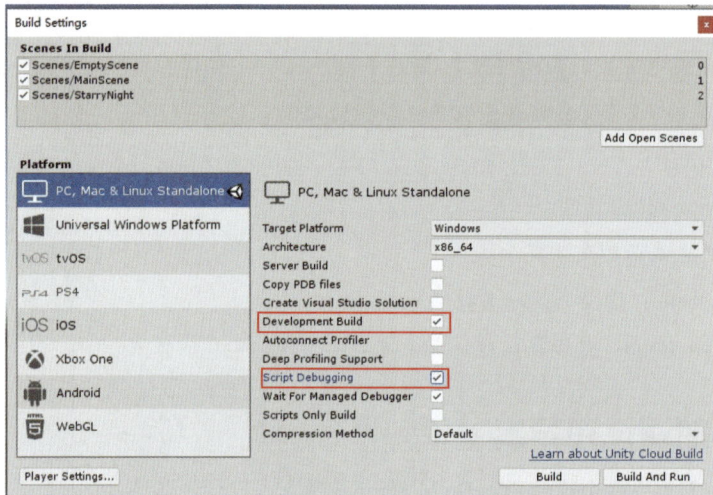

Build Settings 对话框中的设置

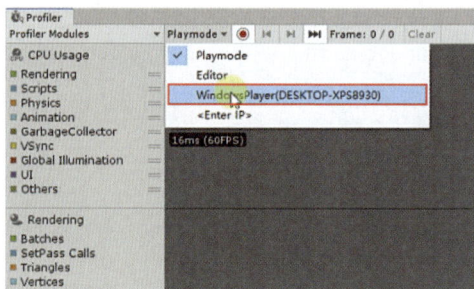

Profiler 窗口中的设置

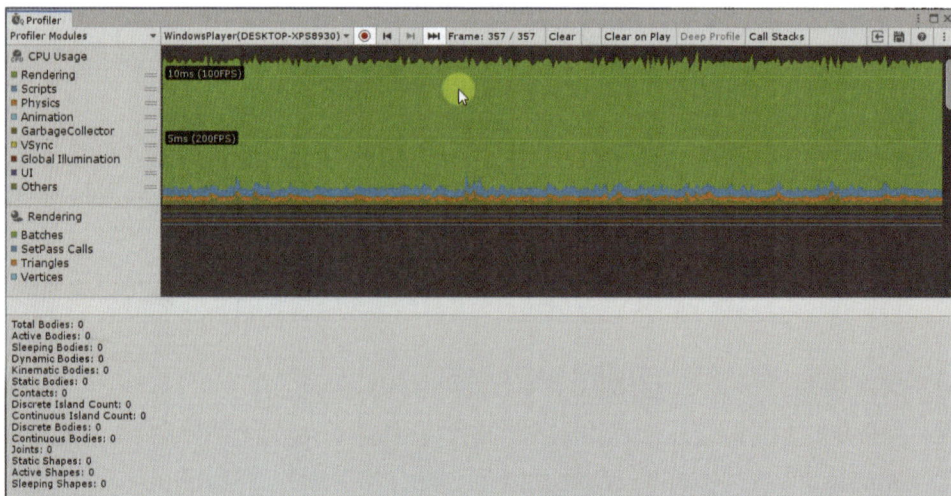

导出程序的性能分析